U0067041

步入婚姻之道

Paths to Marriage

Bernard I. Murstein 著

郭靜晃　主編

張惠芬　譯

PATHS TO MARRIAGE

Bernard I. Murstein

ISBN:957-8446-33-0

Printed in Taiwan, Republic of China

SAGE Publications
The International Professional Publishers
Newbury Park London New Delhi

作者序

這本教科書主要是為大專學生修習婚姻與家庭學科的參考用書。本書從社會心理觀點來詮釋婚姻與家庭，內容包括有愛情、擇婚、交往、約會等章節。

由於本書的重點在於詮釋及描述婚姻，所以我故意刪掉一些統計圖表及數字。但本書並不會因為刪掉一些統計描述，而顯得內容非常簡化。因此，對於這個主題的精簡內容感到有興趣且不喜歡有太多統計圖表的研究生與教授，一定可以發現本書的價值。我亦預期喜歡這本書的教授們，會以此書搭配別的書一起使用，做為婚姻與家庭的授課教材。

儘管本書沒有相關係數(r)、t考驗(t)、變異數分析(F)等統計值，但這本書是以研究為導向的，並以描述及評估為主（就像叢書中的其他書籍）。另外，因篇幅的關係，本書不能兼顧此主題以外的相關內容，例如本書沒有將再婚的議題列入。若是對此主題有興趣的讀者，可以參考此叢書中的《再婚》一書。

本書的特徵是採用許多理論來描述擇婚過程，由於篇幅

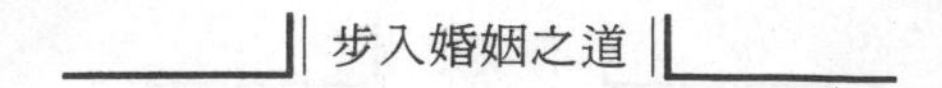

的限制，我僅列出四種理論。較其他婚姻的相關書籍更深入淺出，在內容上也豐富許多。在我寫此書的過程中，最困難的是評估工作。我對擇婚詮釋的理論及其他相關理論，只能儘量以一位讀者的眼光來客觀地評估。

我希望這本書可以對開始尋求婚姻之道有所幫助。畢竟，是否結婚的抉擇，以及如果想要結婚該與誰結婚，是我們人生中最重要的抉擇。

郭 序

家庭是孕育人類生存與發展的溫床，亦是教育與養護兒童的最重要地方。臺灣地區近幾年來的社會變遷十分快速，例如經濟與社會的發展，這些快速的社會變遷，導致社會與家庭在結構層面、功能與內涵皆衍生相當大的變化，家庭的任何變動，都將對家庭的成員，尤其是依附家庭的兒童與老人，產生鉅大的影響。

今日臺灣家庭人口一直在縮減中，核心家庭也成爲我國最主要的家庭結構，平均家庭所生兒童人口數爲1.7，婦女出外就業大約占45%，造成雙生涯家庭；婦女平權主義升起、教育普及、工作機會的獲得與經濟獨立，使得女性較勇於對不滿意的婚姻訴求離婚，單親家庭因此而增多；此外我國社會步入高齡化，老年的社會安全保障和其他社會適應措施等，需求日益急迫。諸此種種皆指出未來家庭的組成將面臨一些挑戰：家庭經濟，婚姻調適與自身安全保障，兒童、老人照顧與青少年行爲偏差等問題。這些問題的主要根源在於家庭，無異乎，家庭一直是社會的最大支柱。家庭變遷是不可避免的趨勢，人在社會變遷中產生許多多元的價值、各種不同形色的家庭共存於社會，由於這些不同背景的家庭持有不同的態度、行爲與價值，因此藉著婚姻的結合，個人本身必須調適個人的行爲與價值，才能維持家庭成員的和諧關係及家庭功能順利發揮，如此一來，家庭及個人的需求得以滿足並臻至幸福。

家庭一直是我們最熟悉的場所，而且是花最多時間在此生長、孕育、發展的窩或紓解情感，避免人生衝突、挫折的避風港。而社會變遷的洪流導致傳統的家庭產生變化，這些變化是好或壞，是強或弱，則一直是見人見智的說法。但值得肯定的是，人類必須要重新面對這新的家庭觀念以及社會變遷下的家庭衝擊。這一切意謂現代人必須再一次學習家庭的意義、功能以及價值。

在學習的過程最需要有一套參考用書，可喜的是，Sage Publishing Company出版一套家庭系列叢書，此叢書專門探討與家庭相關的研究主題，是研修生活科學、生活應用科學、家庭關係、心理學、社會學、社會工作、諮商輔導及對家庭領域相關科系的學生修習家庭相關課題參考用書，此叢書涵蓋的主題有家庭理論架構設計、家庭研究方法、家庭歷史、跨文化家庭比較及家庭生命週期分析；其相關的傳統主題，如約會、擇偶、爲人父母、離婚、再婚、家庭權威；此外，也包含最近家庭熱門的主題，如家庭暴力、老年家庭、及爲人父母親、不同家庭型態以及青少年性行爲等。

藉由這些叢書，我們可以看到美國當前社會與家庭的變

遷以及社會變遷所衍生的家庭問題，這些對於臺灣學習家庭相關主題上是個很好的參考與啓示，更能呼籲「他山之石，可以攻錯」，所以讀者在研讀這些書籍時，可以將臺灣的經驗加以整合，使其成爲合乎本土現況的家庭叢書，並作爲預測未來台灣家庭可能轉變的趨勢，以作爲問題尚未發生時的預防策略。

此系列家庭叢書每一本皆是匯集美國社會現況所出版的專集，在國內卻因文字的障礙而不能廣爲推薦給國內有興趣的讀者，實爲國內推廣家庭服務的一大遺憾。現今，此套叢書版權已由揚智文化事業股份有限公司獲得，並由國內學有專精的人來負責此套叢書的翻譯工作，希望此套叢書的出版，能爲國人修習有關家庭課程提供一套參考用書，更冀望此套叢書能帶給國內實際推展家庭服務的實務工作人員提供一些觀念的參考，願此套書能造福全天下的家庭，祝各位家庭幸福，快樂美滿。

郭靜晃

目錄

第一章
導論

婚姻：由男主人、女主人以及二位奴隸，總計就是二個人組成的共同生活體狀態或情況。

—安柏洛斯・皮爾斯 (Ambrose Bierce)

魔鬼的字典 (1911年)

婚姻會帶來許多痛苦，但獨身卻毫無樂趣可言。

—山米爾・強森 (Samuel Johnson) ，

Rasselas (1759年)

儘管以上這二段陳述相互矛盾，但婚姻本身的確是許多利益與缺損的結合。我的任務並非在評斷這些利益與缺損，但難以計數的投票結果顯示，婚姻與家庭確是大部分人一生中最重要的事情。爲什麼情況應該會如此呢？或許是因爲情感的疏離，或者是因爲自己並非是對方心儀的那人、並非是他心目中最重要的人，這對大部分人而言是件可怕的事情。從父母親的觀點來看—穩定的家庭組合是撫養小孩最好的地方。時下雖然可以從許多來源那兒獲得性慾的滿足，但是大部分人仍比較喜歡在相互承諾的關係中來滿足性慾。

在1960年代，估計約有百分之九十七的人口比例會選擇走進結婚禮堂。時至今日，結婚比例逐漸縮減。有些人寧願同居而不結婚，而大部分人計畫結婚的年齡比起他們父母的世代晚了許多。那些計畫晚婚的人有可能在後來無法找到令人滿意的伴侶，或者是他們會變得相當習慣於單身生活，而且也相當喜歡。因此，儘管這只是推論，我們可以確定1990年代結婚人口比例會下降，或許會少於十分之九。然而，即使選擇性較以往繁多，大部分人仍會選擇結婚。而我們的目的就是在探索通往婚姻的道路。

我們在第一章將以簡單的婚姻選擇歷史來作爲本書的開始，並思考早期婚姻安排及其後續變化的基礎。然後，我們在第二章會思考包括年齡、出生序、教育、種族、生理吸引力、社會經濟階層、性衝動、親疏遠近（和婚姻有關合適人選之間地理距離）等因素的婚姻選擇，其社會文化決定因素和其他可能的變數。在第三章裏會討論種族和宗教所扮演的角色。

到了第四章，我們則轉向討論約會和求愛，先從簡單的歷史開始，然後從高中到大學，甚至於研究所的發展觀點思考約會。在第五章裏則進行包括對於運用諂媚、玩弄手段以及父母親反對男朋友或女朋友的求愛策略研究。

另外，還述及發展穩定的階段與愛的概念，以及在結婚之前就走向結束的許多關係。在這點上，有些伴侶會決定同居，而且我們考慮以同居做爲通往婚姻之路或是結婚的另一個代替方案。

緊接在第七章，我們嘗試將求愛的過程納入婚姻選擇理論，並且再將理論分成單一性（monolithic）（一個原則）和綜合性部分。前者包括心理分析理論、互補需求和工具理論；後者則包括雷斯（Reiss）、柯爾霍夫與戴維斯（Kerckhoff and Davis）以及莫斯坦（Murstein）的理論。我們還觀察到準備好要結婚可能和判斷婚姻選擇的適合性一樣重要。

最後，在第八章的結語中，我們總結已經學習到的部分，並且往前看向未來。值得注意的結論包括婦女社會地位的提升和結婚動機，以及關係本質的改變這幾者之間都有連帶影響，婚姻也不再和以往一樣是關係滿足所必須的條件。至於對婚姻選擇的影響，則暫時不多做研究。

婚姻選擇的歷史

父母支配

在18世紀時，狄鐘（Dijon）議會（在法國境內）議長的兒子問他父親是否計畫要他和某位特定女子結婚。而這位被其他事務纏身的父親告訴他的兒子「管好你自己的事就行了」（Epton, 1959）。

這樣的對話對於現今的讀者而言似乎相當陌生，但是直到不久之前，婚姻還是屬於家庭事務。像是權力轉移、財產、家世和榮譽都太過於重要，父母會認爲這些事怎可輕易交付於年輕的「業餘人士」(amateurs) 之手 (Coode, 1959) 。

控制婚姻的社會方法眞是相當多樣化。明顯的方法是灌輸年輕人未經父母同意而結婚是錯誤的觀念。另外一種方式，例如在法國，由政府立案規定，若未經父母同意，禁止男女在35歲以前結婚。而一般家庭經常在子女尚是嬰兒階段就由父母親相互訂立婚約。年輕的女子則是在女伴的照料情況下與世隔離。而在歐洲，天主教家庭中的女孩經常被送到修道院以保證自己的淸白與天眞。

透過教堂的規範，婚姻必須是由成年人雙方達成同意，締結年輕人的婚姻，而年輕人在選擇自己婚姻伴侶的自由上僅有些微的同意權。然而，除了傳統之外，父母對於荷包的控制也維持了父母參與子女伴侶選擇的想法。更進一步地說明，正如馬丁・路德 (Martin Luther) 在16世紀時所指出的，強迫式婚姻的壓抑不同於制定式自由選擇。

> 雖然父母親有權力與力量…妨礙或阻止婚姻—這並不表示他們強迫子女結婚或阻止二個人相愛是可以容忍的行爲。在第一種情況中痛苦是短暫的，而在第二種情況中則要擔心害怕永遠的地獄和終生的悲劇。〔Luther, 1955, p.264〕

當父親控制荷包時，他可以藉此否決子女的選擇，最後誘導他們接受他所選擇的配偶。路德 (Luther) 還提到好的基督徒應該迎合父親的希望，即使這會讓他們非常地不快樂，因爲聖經喜歡我們「反抗並非邪惡」（resist not evil）。

在後來的世紀中，年輕人的獨立性漸漸地增加，雖然父母親否決的權力在19世紀與20世紀時仍然維持一定程度的影響。而且年輕人獨立的程度並不被社會認爲可以接受熱烈的愛情，並用以做爲婚姻的正當理由。事實上，在17世紀與18世紀時，婚姻專家公開抨擊以激情爲婚姻的基礎，而贊成以「理性」（reason）代替之。

理性的婚姻

在《學士字典》（*Bachelor's Dictionary*）裏假設愛情是合乎理性的意願，而非內分泌，它告訴爲人夫者，「假設她（妻子）愛你，你會抑制自己愛她」（1969: 237）。即使是經常被認定爲受情感左右的女人，也對羅曼史嗤之以鼻。瑪莉‧愛斯特爾（Mary Astell），儘管她致力於擁護女人的權利，也仍會問道，「爲了愛情而結婚，有什麼了不起？爲了金錢之愛結婚或爲了美麗之愛結婚，這中間並沒有太大區別；男人不會依據任何一種情況的理由而採取行動，而是受到不規則慾望的控制」（Astell, 1706: 17-18）。

毫無激情的快速婚配（1964）。在《古利佛遊記》（*Gullider's Travel*, Swift著）中，作者（Swift）提到他非常地欣賞Houyhnhnms（馬名，具有人類理性的馬匹），這種馬擁有男性夢寐以求的所有優點，而且牠只爲育種的理由結婚（1952）。

山米爾·強森（Samuel Johnson）非常明白地表達自己說：「很常見地，只有軟弱的男人才會爲愛而結婚」（Bosavell, 1952: 297）。肯特（Kant）提及一對男女若想要締結相互關係，基於性的自然發展，則他們必須要依據法律的純粹原因（pure reason）而結婚（1952: 419）。

究竟婚姻選擇的原因是什麼呢？結婚的原因就是繁衍後代。志趣相同的家庭環境是最適合養育孩子的，而志趣相同性最可能出現在配偶雙方擁有相同的社會經濟階級。目前未曾有文章或資料提及有關個性上的適合性，現在只是述及安排儘可能相當的社會地位假設。無論如何，當結婚的目的不是爲了情感的滿足時，只要每一個人執行制度化的角色，其伴侶就不太會有抱怨—例如擔任提供者的丈夫、擔任主婦的妻子以及擔任跟班的孩子。

愛在那裏？

假設愛的概念可以分割成二個類別—激情的愛（passion love）與婚姻的愛（conjugal love），後者在婚姻中可以被接受，固守父母親的優越性與理性做爲婚姻選擇的導引概念，並不會和婚姻與愛情相容的信念互相抵觸。對大部分人而言，激情的愛並不屬於婚姻，而且也並非結婚的確實原因。早期的教堂神父甚至會警告男人，不要以帶著色慾的眼光去看著他的妻子，那會使他成爲一個姦夫。

在12世紀時，活躍於法國南部和義大利北部的吟遊詩人，已經將激情的愛從婚姻的其中一項原因中排除。這個原因可以從香檳區瑪莉女伯爵（Countess Marie of Champagne）的信中說明，她主持一個關心自己心靈事務的表揚式「愛情」法庭。她所寫的信是在於回應一件有關於一位朝臣與一位他所遇見貴族仕女之間爭論的仲裁要求。這位貴族仕女的心另有所屬，爲了擺脫麻煩，她對這位朝臣說如果她失戀的話，她才會考慮接受這位朝臣的追求。她很快就嫁給自己眞正愛的人，於是那位令人憎恨的原告當場宣稱只要她一結婚，她就不會再愛她的配偶。她不願屈從於這樣的解釋，所以二位當事人尋求女伯爵的仲裁。女伯爵說明如下：

> 我們謹此聲明並且堅定地認爲愛情無法在二個結爲夫妻的人之間發揮其力量。對愛人而言，無需強迫，願意給予對方事事自由的空間，然而，已婚的人在義務上受限於對方的慾望，並且不得否認（Capellanas, 1959: 106）。

由於此項仲裁並不具任何法律約束力，這位仕女並不會被迫接受女伯爵的決定。

過去推測存在於婚姻裏的夫妻之愛是配偶角色的理性表現。清教徒牧師華茲渥斯（Wadsworth）曾經提及丈夫對妻子的態度是「偉大的上帝命令你去愛她」（The Great God commands thee to love her）（Morgan, 1944:

12），並非是要愛一個人的配偶。因此，不論他或她的缺點是什麼，承認一個人的失敗才是優秀的基督徒。

必須承認的是熱烈的愛情在16世紀至19世紀的婚姻中並沒有完全消失。例如莎士比亞（Shakespeare）就讓這樣的愛情在他幾齣戲劇中開花結果，包括羅密歐與茱麗葉。在這些戲劇中的熱情通常衍生自挫折與剝奪，而且，表面上將這種壓抑轉變成反抗的行為。在莎士比亞的戲劇中，貴族男女墜入愛河，並且不顧父母反對而結婚，這代表一種願望的實現，而非伊莉莎白（Elizabethan）時代的現實行為（actual behavior）。

即使在19世紀時，熱烈的愛情通常並不會走向婚姻。愛情羅曼史通常是發生在婚姻之外或結婚前的。和理性的愛相比，熱烈的愛情仍暗示著不健康、缺乏適應性。史丹道爾（Stendhal）認為熱情會導致扭曲（Beyle, 1947），並且利用類推來說明其影響。他曾經觀察掉落鹽坑內數星期的樹枝，外表會覆上一層光亮的結晶，然後他將樹枝從鹽坑中取出；初瞥見時，彷彿好像看到無價之寶，但事實上，它卻是毫無價值的。他將這個事件和愛情相比較。戀愛中的人，將他或她的理想自我理想化並且投射在愛人身上，然而，代表這些幻想的人，在事實上，並不比裸露的樹枝更有價值；因此史丹道爾稱呼此種過程為結晶化（crystallization）。最後，當現實介入時，真實面目再也隱藏不住時，愛情就會消逝。

赫伯・史賓塞（Herbert Spencer）於1845年他24歲時

所寫的一封信內，曾經提到愛情與理想化之間的關連，他認爲理想化並非幻覺，而是爲所愛的人持續地表現出的理想狀態 (1926) 。史賓塞 (Spencer) 確實將新近發展、早已遠遠背離「理性」愛情的愛情觀念〔維多利亞式的愛情 (victorian love) 〕而發揚光大。

維多利亞式的愛情

19世紀早期令人精神爲之振奮的羅曼蒂克式的浪漫熱情，非常投合中產階級的心意，這些人受過教育，有閱讀文字的能力。另外，還要感謝快速工業化，使人們有錢有閒可以將時間奉獻給羅曼史。然而，羅曼史對於長期受到保護的制度，例如婚姻的攻擊，後者根本無法接受。中產階級的規律強調個人對於自我行爲的責任、對於父母要尊敬，以及服從宗教，而非熱烈的接受。這種規律忽略了年輕人愈來愈想要獲得那些看起來似乎是個人化浪漫生命的刺激行爲與自由的慾望。由於對這種不滿足現象的敏感度，許多小說家批評便利的婚姻在道德上是錯誤的，而且無異於宣判參與者終生的不快樂。解決的答案，是需以浪漫官能性熱情驅動力鑄造，再加上以中級階級保守性家庭情感柔化，而產生的新合金。優美的詞藻、充滿活力的舉止、有技巧性的突破傳統以及浪漫的低沈姿態，一起與中產階級的道德結合。人們看到自己的「獸性 (bestial) 」需求被提昇，不只是透過繁殖的目標，而是由於他們擁有了「家中天使」（angel in the house）篇中的目標，這是在與Coventry Patmore同名如書籍般長的詩篇中獲得，實令人訝異的。商業性成功銷售之後，妻子們被冠上的溫柔稱呼。只有在婚姻的界限中表白熱情才會淨化；而且，只有在其愉悅敬如神祉般的對象害羞地點頭答應時，肉慾才會轉變成甜蜜的情感。

美式婚姻

在美國，談到婚姻時，對維多利亞式愛情的影響並非無動於衷，其效應仍在於擁護較爲輕鬆的伴侶互動關係。美國女孩通常並非如同歐洲女孩般，是在與男孩部分隔離的情況下或在修道院中長大。目前在美國，已經結束的拓荒時期中，婦女是稀有、令人尊敬的辛勤工作者，她們並不是屬於保守缺乏活動力的中產階級妻子之列。

曾經造訪美國的外國人會十分訝異於美國婦女的坦率與直言無諱。他們也注意到男女互動關係的自然性，而且，美國女性比起歐洲女性更受到男性的尊敬。然而，美國人似乎缺乏激情。史丹道爾（Stendal）懷疑結晶化現象也發生在美國。他的同胞莫洛（Mareau）相當震驚地看到一對年輕情侶竟然可以毫無畏懼地結合：「有時候僕人回家時，發現他們已經入睡，而且燭火早已熄滅—愛情在這個國家裏竟是如此冷漠」（Moreau, 1949: 99）。即使有一位保守的英國作家也如此寫道：「在美國人之中，似乎愛情是判斷性，而非心所嚮往之的風流韻事」（Buckingham, 1867: 479）。

歐洲人誤認爲這樣的冷漠的原因是在美國社會中，異性是一起成長的，所以，他們不會有因爲幻想造成隔離或壓抑的情形產生。取而代之的，是在異性之間發展出多樣化友誼，這形成了某種程度的社會安寧與友誼，但是對激情而言，卻是過度實際導向。

理論基礎

19世紀當第一批婚姻指南（marriage manuals）在美國出版時，他們將焦點集中在婚姻品質、婚姻伴侶最基本必須扮演的角色。主要的批判標準是宗教的、體制的以及生理的、道德的與性格的（Gordon & Berstein, 1969）。舉例來說，一位理想的丈夫是服從宗教戒律、誠實穩重，而且不會被貼上「懶惰、縱情飲酒、抽煙、嚼煙草…吸毒、放浪形骸…賭博、咒罵以及熬夜等標籤」（Fowler, 1855: 131）。理想的妻子則是應該具備憐憫、純潔、順從與專心家務等四項美德。

在十九世紀後半段，婚姻作家最後終於談及以人際關係因素爲基礎的相容性。這些因素可以分成三個類別：同質—互補組合（homogamy-complementarity）、進化（evolution）與腦相學（phrenology）。

同質互補性

大部分的作家在背景與氣質、體格與個性之間都有所區別。O. S. Fowler看到自然界同類結合的現象：「難道獅子與綿羊，或是野狼與家禽，或是大象與老虎會自然結合嗎？」（1859: 280）。然而，依據Fowler所述，當自然界看到其臣民之一劇烈地偏離基準時，她就會將相反類型的強勢吸引力慢慢地灌注在他或她的腦海裏，就好像是又高又瘦的男人會偏好矮小、圓潤型的女人。相同的原則也適用於氣質與心靈能力。一位記憶力超強但是概念模糊不清的男人，應該娶一位概念絕佳但是記憶力極差的女人。Fowler向我們保證這樣結合下孕育出來的下一代會同時擁有絕佳的概念力與記憶力①。

Fowler以令人震撼的現代化組合——同質與互補性歸納其研究，後來也得到Kirkpatrick（1967）、Goodman（1964）、Murstein（1971a）以及Karp、Jackson與Lester（1970）的回應。「在某方面只要你是什麼類型的人，就和一位像你自己的人結婚；但是，在另一方面，只要你有任何被認定的過度或不足的條件，就會和一位在這些令人不愉快細節方面和你自己絕不相像的人結婚」（Fowler, 1859: 295）。

另外一位作家則支持有關於「自然組織」（natural organization）的互補性，在這個部分他指的是氣質與體格，但是他還加註提到，從各方面涉及的因素來考量（環境影響），必定會在目的、思想與伴侶生活方式上有相似之處；

因此，「婚姻的秘密就是認同氣質對立」（The secret of marriage is opposition of temperament with identity of aim）（Coan, 1869: 500）。

進化與遺傳

達爾文進化論的分支思想充斥在婚姻選擇的理論裏。Westermarck宣稱一夫一妻制是最先進的婚姻進化形式；至於其他的形式，例如一夫多妻制是早期發展階段的倖存者（Westermarck, 1936）。George Campbell爵士（1866）認爲由於進化會去除錯誤種族的婚配，所以科學化婚配是不需要的。Charles Bellamy曾寫過一本充滿烏托邦思想（Utopian）的小說─《實驗婚姻》（*Experimental Marriage*），在書中每一位個體在他或她的一生中會漸漸地進化成爲更完美的結合，在過程中會放棄在進化上較不合適的配偶（Bellamy, 1889）。

其他的作家往前邁進一步並且深思，會影響婚姻選擇的個體化學與遺傳結合。Johann Wolfgang von Goethe是一位前達爾文（Darwinian）主義「藥劑師」（chemist），在他的小說*Die Wahlverwandtschaften*（《進似選擇》）裏，他將人際關係的吸引性加以結合，最早是以兩兩搭配，最後組成四種個體的化學現象（Gethe, 1963）。結果是先前配對的個體尋求與另外一對的其中一位成員組成新配對。在小說中，一位富有的男士和其妻子的外甥女相互吸引，而他的妻子和他最好的朋友也發生同樣情況。依據歌德的理論，當丈夫與妻子在受到非婚姻伴侶的「近似性」（affinity）影響情況下做愛時，所生下來的孩子會有丈夫愛人的眼睛以及妻子情夫的相貌。

百年後在由Otto Weiringer（1906）所寫的一本名爲《性別與特質》（*Sex and Character*）的小說裏，有更嚴肅的科學化論述。男性在其細胞中擁有佔優勢的男性特質，但也會擁有一些女性特質。每一項特質都會在異性身上尋找對象；因此純粹的雄性會被純粹的雌性所吸引。然而，一般的男人會尋找一位擁有女性特質以彌補其男性特質的女人；同樣地，男性特質也會彌補其女性特質。

Weiriger相信他的理論應該是針對那些爭取女權的女人，她們應爲某些女人爭取非自然而且病態的女權而負責（大約在1900年時）。在他的觀點中不會有女人想要爭取獨立與男女平等。女人在性別上佔盡優勢，而且並不太關心雄性活動；然而，那些不幸的女人，其遺傳組合是相當男性化的，渴望行動自由、權力與智慧成就。這項理論的生物觀點經過Patten證明（1908），但是他認爲這是無關於形成女性角色的社會影響力。

即使在二十世紀經證明遺傳學誘因也很難令人打消念頭。Szordi以婚姻選擇「受到潛在隱性遺傳，在經過數代後才會再重現祖先並且形體化」的導向提昇這項理論。雖然有些配偶在其明白特性上並不近似，但是仍然會受到獨特「認同性」（identity）的刺激而相互吸引（1937: 25）。

腦相學

約1800年代，由Franz Joseph Gall最初提出腦相學（Phrenology），這個理論以一個假設爲前提，那就是一個人的特質及潛能在大腦有特別集中的區位。在頭顱內，這些區位的大小及發展狀況是否有相當比例，支配著人類特殊生理機能及因應改變的反應能力。因此，從一個有關頭皮裂縫及腫瘤和檢驗，證明腦相學被認爲可以用來對人類人格特質做適當的評估。

這些與婚姻有關的區位被認爲是在頭部的後方，亦即後腦區。就如Wells（1869）所列出的這些區域包括有：戀愛（好色）（Amativeness）、夫婦生活（Conjugality）、居住（Inhabitiveness）。第一個是性活動，第二是永久和諧婚姻的交配習性與本能，最後則是愛的家園。面相學（Physiognomy）也扮演了一個重要的角色，舉例來說，張口是一個性力量的表徵，而判斷是否爲愚人也很容易，因爲他的前額垂直部分會明顯地比他的鼻子還短。另外，如果一個人的小腦比較小（這個區域是控制愛的區域），這個人大概無法結婚，骨相學者會毫不猶豫地忠告他趕快取消訂婚，尤其是如果發現他／她的未婚妻／夫強烈地想要結婚，而又發現有這個特性時。

愛的勝利

約19世紀末期，毫無疑問的愛成爲婚姻的基本決定條件。一位社會學家Lester Ward發現，他將社會學的重要性投入在「愛」中，稱「愛」的亞利安族（Aryan race）進化的產物（Ward, 1916）高加索人（Caucasian）在世紀轉變中有一典型的政策，高加索的作者指出上帝（God）是至高無上的高加索人，祂指定祂所選擇的人有能力去愛。早在一百年以前，Thomas Jefferson即反對黑人有愛的能力的說法。

愛的勝利並非受少數教科書的作者的限制，而且受到在美國受大家歡迎的雜誌作者的限制。Alice Preston在1905年的淑女之家期刊〈*Ladies Home Journal of 1905*〉中就曾指出：「沒有任何有純眞優雅情感高尚女孩及其他女孩…曾經…承認婚姻缺少愛的合理性」（Preston, 1905: 26）。就像1911年出版的女人家之友《*Woman's Home Companion of 1911*》建議「當我知道愛一如預言顯現即將來臨，只有預備以理性及智慧來等待它的來臨」（McCall, 1911: 24）。

在19世紀時是什麼導致對婚姻意識型態從「先婚後愛」改變成「先愛後婚」呢？由下面的結果似乎可知其合理性，那就是女性選擇權的合法使女性擁有更多的權力，提升她們的教育程度，以及充斥著男女平等的意識氣氛。

在17世紀以及18世紀時代，居民從早期從西歐遷徙到美國，女性改善了她們實際的地位（de facto status）。以旅行來說，年輕人必須歷經長達1-2個月的危險航行，在此期間只有可怕的食物、簡陋擁擠的衛生設備，還有污穢的船艙。更甚的是，被迫與他們父母之間相隔千里，使得父母親的監督及權威的血緣間的聯結性降低。開始時，男人在數量上勝過女人，但是根據法令的修正補充及要求，在社區中女性的權力已有相當顯著的增進。

在19世紀，女性地位提升的合法認知來臨，她們獲得控制及可變賣她們實際擁有財產的權利，可保有個人財產，當婚姻關係結束時，也可以爭取擁有孩子的監護權（custody）。此外，內戰（civil war）伴隨著城市中快速地工業化而來，創造了許多新興服務性的工作，由於女性是極佳的打字者，所以婦女有朝向任職秘書性工作的趨勢。就像是成衣工業（garment industry）的成長，工廠給予女性在家中扮演了重要的經濟角色。國民義務教育迅速的普及，讓女性擁有更進一步的機會可以獲得有用的知識，來幫助自己增加賺錢的能力。女性地位提升，而且女權運動（women's rights movement）持續進行伸張女權要求公平權，這有助於開創了一個更獨立自主「新」女性時代。約20世紀初，即使女性阻礙了男人獲得工作及薪資上的平等性，仍有許多男士非常樂意去接受女性社會上的平等均權。

但除去女性地位的提升，在羅曼史盛行前的未來仍有三個重要狀況必須先滿足：包括年輕人必須有機會可以互動；需要有可以使人陷入愛情的休閒活動；還有就是隱私。20世紀的早期，已面臨這些情況。都市化（Urbanization）使得性以及符合條件的對象增加，所以這二性的接觸也較頻繁，公立高中的普及以及綜合教育大學的設立發展，都提供了戀愛發生的時間。

兩輪脚踏車的完美功能以及機車的發明，使戀人可以遠離父母及代理父母的阻撓，所以在追求上會很自然的發生並增加了隱私感。而電話的發明更具有助於增加男女們的溝通以及互動。

在20世紀，自由選擇婚姻的觀念仍持續地擴展。在女性中有工作壓力者，增加了不少百分比。她們也開始朝薪資較優的工作方面發展，也更趨近與男人同等的社會地位。今日，單身人口的發萌，顯示了人們比起以前，更注意慎重選擇的重要性。少數人結婚也只是因爲他們必須結婚罷了。年輕女孩子的父母也不再那麼強力要求（即使是形式上的理由）管教女兒的權力，還有，年輕人通常只會向父母親宣布他們打算要結婚，有的根本就已經結婚了才告訴父母。

摘要

對婚姻的目的及其條件的概念，已產生許多的改變。結婚如同訂契約—像家庭間所訂定的以及在有名無實的參與者間訂定的。早先基本的關心是以家人興趣的多過於參與的福利。婚姻主張理性的這種觀念迅速普及。當父母親影響力式微，便由「理性」（reason）來取代成為婚姻的選擇標準。說明以個人背景的比較在當時成為合理選擇的基本條件，這種觀念很普及，還有如果沒親密互動關係時也希望能和諧，沒有摩擦。

愛包括激情，並不是只有在最近才有的現象。而歐洲中世紀及其後來的時代中，愛是被排除在婚姻之外的。大約到17世紀，愛才被接受當作是在婚姻中結婚後的適當因素。最後，直到19世紀中期才又被接受為結婚的合理條件。

在19世紀才有最初尚未發展成熟的婚姻選擇理論的發展，（包括有同質—互補論、進化論以及腦相學），除了它們顯而易見的不同之外，也有一些共同的意見：包括有主張成功的配對是因為配偶雙方或單方的興趣及特質所導致的結果。煙草以及飲料被認為是對婚姻有害處的，因為它使婚姻夫妻生活，就像是頭蓋骨缺少了幫浦一樣。互補性方面，很固定地被認為像是高的或瘦的組合。另外，在19世紀的婚姻指南並不關心的議題，那就是夫婦二人之間互動的方式及品質，也沒有提及需求的一致性、角色渴望，或是角色的一致性。

以我之見，這些議題為自己從社會當中被忽略的主要原因，是在性別間有很大的權力差距，這種歧異使男人可以很容易地獲得極大的利益——像是教育、有興趣的工作、合法的權益、政治的參與等等，而僅賦予女人單調的工作及少數的特權。而這種權力差異的結果，讓男人比女人具有更吸引人的魅力，也因爲他們只願與女人分享他們期望的性及家庭照料，甚至在性別間也很少有什麼令人刺激的互動。絕大多數的男人以及少數女人，都深信及支持這種由男人支配社會下，對性別的指定的角色行爲。現代女性試著從家庭中走出，不僅向她們的先生、也向上帝訴願遠離這個被指定的家務工作。在19世紀中葉，終於見證到了理所當然的意識型態，女性開始參與社會，並要給予合理的，在法律上、政治上、教育上以及經濟上的所得。雖然男女之間權力的差異仍然存在，但是這個鴻溝已逐漸縮短了二者的距離。一旦當女人獲得應有的權力，就開始反抗以安全爲主要理由的結婚壓力，也強調她們選擇的權利。在同時期，她們提升參與社會的能力，也促進她們對與男性共處相伴感到有興趣。約至20世紀，她對於選擇婚姻配偶更有效能，而且是以「愛的婚姻」（love marriage）爲基礎的選擇。

女性對於婚姻的自由已不必再強調了，在早期世紀絕大多數的女人沒工作、沒選舉權、無法得到想要的工作職位，直到20世紀，這些進步才發展。在今日，多數如我們所知都接受有趣美好的婚姻。究竟什麼是影響現今人們婚姻選擇的決定因素呢？這個問題就是現在我們要著手去瞭解的主題。

註釋

1. Fowler似乎沒有考慮到，不幸兒童可能會對權力概念模糊，且記憶力也較差。

第二章
與擇婚有關的社會文化變數

本章及未來幾章討論的重點爲：個人所擁有的婚姻條件及成功婚姻伴侶的條件。而最後幾章則討論伴侶間互動行爲，或有助於從適婚年齡中做選擇。本章不討論種族或宗教，因爲這些對大部份的人極重要，且有許多資料及互相通婚的情況已成事實，所將在別的章節中加以討論。

本章，我們將檢視決定可能結婚人選的一些相似因素。特性相同的人們，被稱爲同類；有相同教育程度的人結合，則其類似的內涵亦可稱之爲一對因教育相當而結合的伴侶。但，相似的異性間互相吸引的是什麼呢？

相似性

外在的報償

同類相吸即是指具有類似特徵的個體，較容易被另一群具有相同特徵的成員所認同（黑人、中國人、以色列人、有錢人等等）。因此，他們有些共同特性，較易被另一群具有共同特徵的人了解及認同。此外，這些族群也具有與其他族群不同的問題及態度。有錢人要保護其財富並非維持其地位，窮人則吵著要改善其經濟地位。

不同族群的價值觀會經由父母傳給子女，子女也就吸收這些價值觀。不同類往往不只意謂著不同，或造成錯誤；甚至如果個人沒有全部接受所有被教導的價值觀，他們可能會成爲不順從一般思想的人，因爲家人、朋友、社會都傾向於思想順從，而不是異於常人。

內在的報償

此外，與類似的人互動較容易激發個人的滿足（Berscheid & Walster, 1978）。相信我們是「對的」會令人有愉快感，尤其是在決定有關爭議性問題的事實上。得知別人與我們的信仰相同時，會加強我們的觀點之「精確性」（accuracy）及「正確性」（correctness），達到相互之確認。

再者，得知他人與我們有相同的興趣，可導致我們加入與別人互動。如一個人喜歡跑步，遇到一個跑者，可能會一起加入跑步。

最後，我們相信相同於自己的別人也會因爲相類似而喜歡我們。相信別人會喜歡我們，進而去喜歡別人（除非事先意識到別人與我們其實有很大出入）（Berscheid & Walster, 1978；Murstein & Lamb, 1980）。因此，同類相吸有許多種可能的解釋。

相似性的作用，可被視為一系列的精密濾器，有助於篩選合適的配偶人選。最粗的濾器可能是篩選可以結婚的條件。例如，一般中產階級大專畢的專業人士，極不可能會喜歡和高中沒畢業的低收入人結婚。大學、宗教團體、兄弟會、婦女會……等，長期扮演篩選的角色，提供各種所需標準。現在讓我們思考一些與婚姻有關的因素。

表2.1　第一次婚姻的平均年齡（1890-1984）

年齡	男人	女人
1890	26.1	22.0
1900	25.9	21.9
1910	25.1	21.6
1920	24.6	21.2
1930	24.3	21.3
1940	24.3	21.5
1950	22.8	20.3
1956	22.5	20.1
1960	22.8	20.3
1970	23.2	20.8
1980	24.7	22.0
1981	24.8	22.3
1982	25.2	22.5
1983	25.4	22.8
1984	25.4	23.0

SOURCE：U.S. Bureau of the Census (1985).

年齡

婚姻中影響年齡的因素

從1890年代，當開始記錄婚姻年齡直到1956年代，男人及女人的結婚年齡一直在下降（如表2.1所示）。男人一般比女人年齡大，而此一差別也可能比以前的記錄更大。

年齡不同的理由大部份是經濟問題。當時大部分女人不工作，有工作的女人只是家中津貼的來源。生活費用昂貴，而大部分男人在30歲以前，很難維持負擔養一位太太的費用。

然而，到了19世紀，工業化起飛，工作機會變多，女人慢慢流入工作市場。由於拜大量休閒及教育活動普及之賜，約會變得更頻繁，兩性接觸機會更多，尤其是中等教育程度的人。早期約會往往與性有關，經常造成婚前懷孕，迫使早婚。早婚與婚前懷孕的關係在表2.2中有列出，顯示只有18.4%曾結婚的女人第一次結婚時，其婚後懷孕約在15～17歲。

到了1950年代，因爲貸款、補助、就業等，使生活變得更寬裕，而結婚生子就變得比以前更容易。一些和原先家庭關係不好的10幾歲青少年便「逃」（escape）入婚姻中。

到了1960年代，避孕藥開始影響婚前受孕的比率。而墮胎也更容易，且隨之又合法化。女人不只工作機會提高，而且多數也變成專業人士。高程度教育者對生涯規劃要求更高，因而造成晚婚（Allen & Kalish, 1984）。再者，許多人在婚前同居，而造成1960年後結婚年齡穩定上升。事實上，在未來的章節中（Murstein, 1984）預估在西元2020年的平均結婚年齡：兩性至少約在30歲。

表2.2　1977～1982婦女第一次生育時的結婚情況（%）

婦女年齡	婚前生育	婚前懷孕	婚後懷孕	總%
15-17	57.4	24.2	18.4	100
18-19	39.6	24.1	36.3	100
20-24	15.5	10.4	74.1	100
25-29	4.2	4.9	90.9	100

SOURCE：U.S. Bureau of the Census (1983).

註：含非公共團體人口。婚前第一次生育：即女人第一次結婚前所發生的生育（所含所有曾結婚婦女），或從沒結過婚第一次生產的女人。婚前及婚後第一次懷孕是指一位曾結婚婦女，第一次結婚後0－7個月及8或更多個月懷孕。

依年齡選擇配偶

表2.1充分顯示一對夫妻第一次結婚的年齡很相近，差距縮短。年齡差距在求愛時可能會有壓力（此研究為針對大學生約會所做的研究，Hill, Rubin, & Peplau, 1976）。一對約會中的情侶能維持一年以上者，其年齡差距較少，而差距較大者則容易分散。

有關爲什麼男人的結婚年齡比女人的要大，其理由是男人的生理成熟度較女人慢；他們亦是婚姻中的主要經濟來源；而且女人比男人上大學的人數較少。然而，現在女人已改善其經濟地位，而且上大學的比率增加的比男人快，這點已使結婚年齡延後，因此，在生理成熟度的差異上也逐漸改善。結果，男女結婚年齡的差距未來必定減少，也可能消失。

出生序

Schachter的理論

一般父母都比較關心第一個小孩。畢竟，他們對父母而言是新鮮的；而且在現今的小家庭中，人們從小就沒有學習到如何照顧小孩。結果，就會形成比較注意第一個小孩。Schachter (1959) 假設並發現和晚生的小孩相比，第一個小孩（長子女）比較容易焦慮，而且在焦慮時也是比較喜歡和別人在一起。從他的理論可得知，第一個小孩（長子女）爲了抒解其單獨持有的壓力，通常會比較早婚。MacDonald (1967) 修正其理論而主張：那不是焦慮，而是社會化，這點相當重要。第一個孩子（長子女）對父母的要求最敏感，且必定服從。一些發現亦支持此說：此種服從的行爲造成老大較早婚，而且大部分長女常在6月結婚（傳統的月分）(MacDonald, 1967)。

Toman的理論

Toman提出一個更精確的理論（1964, 1970, 1976）：擇偶的人選，會仿效早期家中原有存在的關係。大一點的小孩會學著去當領導者，管理較小的孩子（較小的孩子反而從小學習當跟隨者）。

順序的互補地位（大的與小的結婚）是最明顯（當不同性別也是互補地位時）的。因此，妹妹的哥哥必會吸引別的哥哥的妹妹。這比光是順序地位要來得容易適應；例如，一位弟弟的哥哥，容易和衆姊妹的妹妹結婚。相反地，姊姊的弟弟最好和弟弟的姊姊結婚。而最不好的配對就是衆兄弟的弟弟和衆姊姊的妹妹結婚，因爲他們二位都沒有當領導者的經驗。

一項對23位衆兄弟的弟弟及衆兄弟的哥哥，和最大的或最小的姊妹結婚研究中，Toman的報告指出：出生序和配偶的選擇有密切的關係。老大哥哥傾向選最小的妹妹；而最小的弟弟傾向選最大的姊姊。一項對約會適合度的研究，又再度發現其結果支持此一理論：那些正確順序配對的男女朋友其約會的成功率較大（Mendelson, Linden, Gruen, & Currau, 1974）。

不幸地，在較晚的研究結果則完全不傾向出生序影響配偶的選擇（Birtchnell & Mayhew, 1977； Critelli； & Baldwin, 1979）。因此，結婚對象的選擇資料已混合在一起。

出生序的配對

許多研究試圖找出出生序的配對是否存在（如：老大與老大結婚），結果皆不相同（Kemper, 1966； Altus, 1970; Touhey, 1971； Ward, Castro & Wilcox, 1974）。不幸地，出生序與經濟地位已混淆（Altus, 1970）。較富有的家庭孩子比窮家庭人數少。因此，如果研究對象是較富有的家庭，則老大在假設上會較實際，也因爲孩子少，所以易與老大結婚。在較窮的家庭這種情況發生較少。總之，有關出生序的重要性在婚姻選擇的資料上，顯示的結果比較矛盾、複雜，而且都不是很明顯。

教育

表2.3　35-54歲的未婚男女教育程度%

教育	男	女
0-8年國小教育	10.5	8.6
1-4年國中教育	6.2	8.7
1-3年大學教育	3.1	4.6
4年大學教育	6.3	7.0
5年（以上）大學教育	7.0	12.5

SOURCE：U.S. Bureau of the Census (1984).

教育或延伸教育與晚婚有關。不過，對女人而言，延伸教育不只是晚婚，更與未婚有關，如表2.3所示。一項可能的解釋是結婚對男人比對女人有益。上大學的女性比沒上大學的女生要來得多，所以較不必在經濟上靠結婚解決。她們比沒大學文憑的女性來得不容易結婚，雖然她們的選擇也較多。另外，教育程度也與女性的社經地位提升有關（Elder, 1969）。

教育與配偶選擇

教育程度相當的男女比較易傾向於結合在一起。而這關係對沒有吸引力的女人來說，比有吸引力的女人要來得重要。有吸引力的女人在教育的欠缺上可以由外表來彌補。因此，不難發現，在Elder的研究中，教育程度比配偶高的女性中，有30%的外表不具吸引力，外表有吸引力的只有15%。

在約會一開始時，教育程度相當的影響性並不會很強烈，但它卻與日俱增。有一位研究人員發現：女性與其第一位追求者、第二位追求者、及其未婚夫，教育程度相當的比率分別爲：0.53、0.75、及0.78（Kerckholf, 1964）。

種族

此處所用的，種族指的是與相同國籍者結婚的可能性。

在1960，約¾的美國夫妻有相同國籍，64.3%在美國出生的人其父母是當地人，10%有相同外國籍。約19.3%的美國人有外國籍配偶，而6.8%的外國籍與不同的外國籍結婚（Carter & Glick, 1976）。對外國籍人士而言，對外結婚的比率由第一代的38%增加到第二代的61%。由於互動及溝通增加，更容易同化。因此，種族的相同性的選擇到第四代時幾乎就更少了。

智慧

在擇偶的研究上大都忽略了智慧因素。有智慧的人會選擇較有吸引力、較易適應的配偶嗎？在這方面，就我所知的資料並不多。有一些有關擇偶與智慧的研究（Richardson, 1939； Snyder, 1966；Vandenberg, 1972； Watkins & Meredith, 1981）。這些研究結果顯示：夫妻的配對在智慧上，關係的強烈與學習的高低有不同關係，但大部分智力平均是中等。

人格特徵

只要您想像得到的人格特徵都曾被研究過（Schiller, 1932；Kelly, 1937；Murstein, 1961, 1972a, 1972d, 1985；Trost, 1967；Sindberg & Roberts, 1972；Centers, 1975；Farley & Mueller, 1978；Price & Vandenberg,

1980）：這些研究項目例如「固執」（stuborn）、「忌嫉」（jealous）、「易受別人影響」（easily influenced by others）、「臉皮薄」（thin skinned）、「對批評敏感」（sensitive to criticism）、「多話」（talkative）、「找尋感性」（sensation）……等。

詳細檢視這些研究，可以發現：幾乎每種人格特徵對配偶選擇的影響都不強，也沒有一種人格特徵會一直影響擇偶①。這個結果的理由可能有二種：其一是人格特質不易被記錄，也是不易顯示的事件。例如，若我們說某人極需改變，必然會想到一些比較的基礎（如：一般人需要多少改變？），那要一段時間重覆的觀察，並包括解釋個人的行爲是一種有意義的改變。一個人不需要決定不重覆去同一家餐廳二次，因爲他／她認爲需要改變。他或她也可以表示只是想要換另一家餐廳。

對於觀察個人的墮胎、核子軍備，及重要政治家的態度則比較容易，因爲比較不需要被監視或解釋。因此，不難發現，在一對夫妻中在態度的類似性方面是比人格的類似性要來得有強烈作用。

人格類似性不強烈的另一理由，則是夫妻角色並不是全部由類似性來扮演。結婚生活的共同看法，如以態度或價值被具體化，則對一對夫妻來說非常的好。馬克思主義者與馬克思主義者在一起，要比和資產主義者在一起好得多。然而，一旦目標可由共處的角色來實行，則類似性的重要性就變得不確定。類似性在某些人格特徵上已被證實有害處。例如：

在婚姻中，大家競爭支配權可能會造成壓力，不容易相處。

另一個研究顯示人格特徵中謙虛的類似性，在文獻中有不同的比較程度。Winch（1958）報告：夫妻在支配權上有互補性。然而，大部分調查發現謙虛且正面的關係會發生在求婚或新婚夫妻（如，Murstein, 1961；Banta & Hetherington, 1963；Centers, 1975）。Winch訪問其研究的夫妻，在評估中發現支配性的存在是要與人做比較的。在自我報告中，個人可能會與一般大衆做比較。因此，二個人可能會表示其支配性的程度在一般平均之上，但在他們二人的關係中，一個人可能是比另一個人更具有支配性。

這個主題在Buss（1984）的研究中有說明，並得到支持。一對夫妻在自我報告量表上，支配性是正面關係，但在比較時，則是負面關係。

人格不全

婚姻導致人格不全嗎？

Floyd Martinson解釋人格不全的理由是爲人們往往沈溺在最大需要滿足中。有誰比那些自我有缺陷的人更需要滿足呢？我們可做一小小假設：「任何事皆平等，結婚的人比單身的人證明有更深自我缺陷的感覺。」（1955: 162）。他進一步以例子證明：他在1950年所測試的一位女孩子（在1945～1949從中學畢業）。單身女孩在情緒適應記錄中不錯，成績也比較好。然而，有批評家假設：早期結婚與人格適應不良有關，但不是普遍的婚姻都是這樣。晚期由Martinson所做的研究指出：男性方面確實符合此評論。男性在20幾歲結婚（與早期結婚的女性人口相比）和沒有結婚的20幾歲男性，兩者在情緒適應上沒有不同（1959）。

在短時間內，許多研究確實證明單身男人（不會比結了婚的男人具有完全的人格），在事實上受到更多的困擾。他們容易神經質、行爲違反社會、曾經有兒童期壓力、與社會隔離、被動、沮喪、恐懼（Knupfer, Clark, & Room, 1966）。精神病房中，單身病人至少是結婚病人的二倍，而單身男性又遠多過單身女性（Malzberg, 1964）。

在女性中，結婚的人似乎比較無個人的完全性；與單身女性比較，她們更沮喪、神經質、恐懼、被動、違反社會，較無道德限制，較有兒童期壓力經驗（Knupfer et al. 1966）。然而，單身女性則較聰明，教育水準較高，職業水準高，她們與父母及兄弟姊妹的關係也比較好（Spreitzer & Riley, 1974）。

對於這些發現，有二種可能的解釋：不是這些有適應不良特質的個體導致於他們選擇結婚或不結婚，就是因人格特質而選擇結婚。前者主張乃是因爲沒有早期的原因，兒童期的壓力經驗，及孤單形成被動，很難看出成人如何變成恐懼。然而，某些特徵如沮喪、社會隔離，可能部分導因於孤單又隔離的成人生活。總之，接受所選擇的假設似乎更合理。

男人和女人的不同角色

在求婚時，男人通常扮演支配性的角色。到目前爲止，男人在社會上仍有著較高的地位和權力。結果：

> 在求婚時，男人經常採取主動角色…先開始要求約會，…先開始互動關係，…先開始決定活動，如用餐、看電影、跳舞。女性則採被動角色，接受男性的追求，她在求愛期間，比較不會表示主動，因爲她不需扮演開始的角色，也不必做任何決定。〔Murstein, 1976: 450〕

於是，男性方面的缺乏造成對求婚的不利，會更勝於女性的缺乏。對大學情侶在婚前求婚狀況的研究中，Murstein發現男性具有人格神經質者關係到求婚進展，約六個月之後形成一對；而女性較神經質者則不會（Murstein, 1976b）。簡言之，假如男人（具有較高權位且社會給他較主動的角色）有人格問題，則對未來婚姻關係的傷害比有神經質的女性大。

較具權威男人在求婚時，是使用其權力選擇較具生理吸引力的女人，並以此權力作爲摒棄以面貌或體格不符合自己的基礎。因此許多有良好適應人格的女性，可能因其女伴比自己更具吸引力，而被忽略。

因此，Srole等人注意到：「許多男性選擇的太太具有提高其男性支配的自我心像。較強壯、具有獨立性格的女性，往往比其較不具這些特質的女性，容易被忽略。」

此外，許多有智慧的女人會因為追求高學歷，而延緩了婚姻。男人往往和比自己年輕的女人結婚；而且，男人的死亡率也比女人高。因此，有些女人在晚期會發現自己已經被排除在婚姻市場之外。

結婚對男人與女人的益處，和兩性在社會地位的不同狀況相類似，因此，社經地位不同會造成婚姻中有利的性別角色。女人常被期待扮演更多的傳統角色，如維持主要的家務：管家、照顧小孩；而男人也要面對相當的責任。很少有男人會願意投入比太太更多的時間和精力在家事上。因此，不難發現主要是那些心理不正常的男人無法從婚姻的享受中受益。

在靈長類及人類中人格健全的偶對

猴子

被隔離飼養在單獨籠子裏的猴子，讓它去選擇隔離飼養的、或籠子飼養的、或和同伴一起飼養的猴子，它會選擇同樣被隔離的猴子（Sackett, 1966）。在其他的研究中，切除腦前葉的猴子和正常的猴子，在選擇異性時，切除前葉的會選擇也切除前葉的猴子；正常的猴子則喜歡正常的猴子（Suomi, Harlow, & Lewis, 1970）。顯然地，猴子的行為會傳給類似的猴子，而影響選擇。而人類呢？

人類

許多研究顯示，選擇配偶的條件要求不高是因爲人格的缺陷。然而，此影響比種族及宗教的影響來得薄弱。擇偶往往可以延展到各種問題層面：重罪人（Guze, Goodwin, & Craue, 1970）、酒鬼（Rimmer & Winokur, 1972）、精神分裂症（Kallman & Mickey, 1946）、自我分裂（Hoyt & Centers, 1971），及基本的情緒失常（Dunner, 1976）。

雖然支持擇偶的理由很多，但仍存在著一個問題：是否伴侶互相的選擇只是爲了適應不良？或是一些互動關係使得一位伴侶影響另一位，而產生人格問題？要注意的是二位伴侶都傾向於有相同的精神診斷（雖然意義重大），這對正常或困擾的人都傾向於愈來愈薄弱（Kreitman, 1962, 1968；Nielsen, 1964）。

至少有二個關於婚前的情侶的研究，可以看出在互動中對彼此有影響。Murstein（1976b, 1971a）及Hoyt及Centers（1971）有足夠的證據，證明個人有追求比較能自我接受的傾向，而且還有「自我失去功能」、「神經質」的傾向。當一位非神經質對一位神經質的對象求愛時，情況又是如何呢？Murstein發現那些測試6個月之後，求愛仍沒有進展的，實際上對於神經質的人有負面的關係。因此，結果顯示選擇配偶有傾向滿足自我人格的缺陷。

表2.4　1951蓋洛普民意調查（%）

您會說您的太太好看或不好看嗎？	
是，她好看	82
不，她不好看	9
不知道	9
您會說您的太太比您在和她結婚時更有吸引力或更沒有吸引力嗎？	
更有吸引力	37
較沒吸引力	11
差不多	47
沒意見	5

SOURCE：Gallup（1972：1018-1019）. Reprinted by permisson from the Gallup Report.

外表的吸引

在歷史及神話中，外表的吸引力所佔的角色幾乎是毫無問題的。Troy城市裡，美麗的海倫發動了一千隻船。希臘妓女Phyrne一度被控不虔誠，她的律師對她的無知做了宣判，但他們仍然對他的訴求保持冷淡。於是他聰明地停止討論，接近她，撕開她的上衣，露出其美麗的胸部。這位法官無法相信如此一位身材美好女人的心地會遜於其身材，所以就很快地釋放她。

Berscheid及Walster（1974）對外表的吸引做了仔細研究，發現從早期的兒童期，所有極佳的人格特質都被歸爲美麗。Farina等人（1977）發現外表的吸引會使人很快從精神病房出院。

由上觀之，如果外表的吸引力與婚姻沒有重大關係，那就令人太驚訝了！已有許多方法用在測量吸引力。研究人員常用相片或觀察參與，要求他們爲自己及伴侶打分數，如所預期的，對相片打分數顯示對吸引力的正常分佈；而自我觀念和吸引力則成正比；伴侶的比率則大部分和吸引力成正比。在三項外表吸引力分類上，性別上沒有很大差異（雖然男性覺得其配偶有吸引力的傾向大於女性）。圖2.1及2.2顯示99位大學男女生的三種資料分佈（Murstein, 1976c）。顯然地，在婚前情人眼中總是出西施。爲避免有人認爲這些結論是由於年輕人誇張的結果，我引用了一份古老的蓋洛普調查（Gallup, 1972；見表2.4）。顯然主觀的外表吸引力感受上則很難有客觀的測量法。

對婚姻，外表吸引力的重要性因性別而有不同

從表2.5，Udry 及 Eckland（1984）的研究顯示，因被判定外表吸引力與一位15年後結婚的女性有關，證實了一項早期類似的研究（Holmes & Hatch, 1938）。而對男性就沒有相同的發現（Burgess & Wallin, 1944；Udry & Echland, 1984）。其他研究亦顯示，女性的吸引力比男性的

吸引力來得重要，不論是在受歡迎、約會、及人格特徵上都是如此（Walster, Aronson, & Rottman, 1966；Berscheid, Dion, Walster, 1971；Cerner & Karabenich, 1974； Mathes & Kahn, 1975）。吸引力對女性向上的變動亦很大（Elder, 1969；Taylor & Glen, 1976；Udry, 1977）。

我個人對於男人不需要如女人的吸引力的意見，其看法是：因為在我們社會中，男人擁有較大的權力和地位。有關此理論，測試一對婚前的情侶顯示，男人感受到其情侶比自己有吸引力時，對他們的關係較滿意。而女人就無此發現（Murstein, 1976c）。

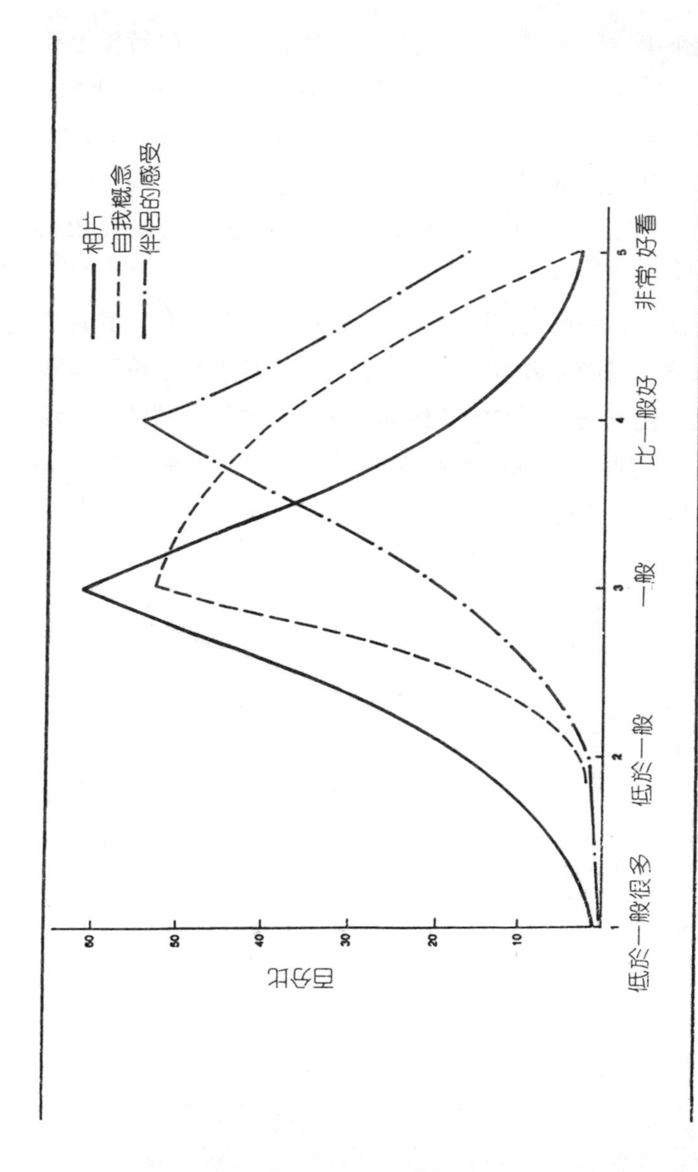

圖2.1　對大學男生外表吸引力的三種測量法

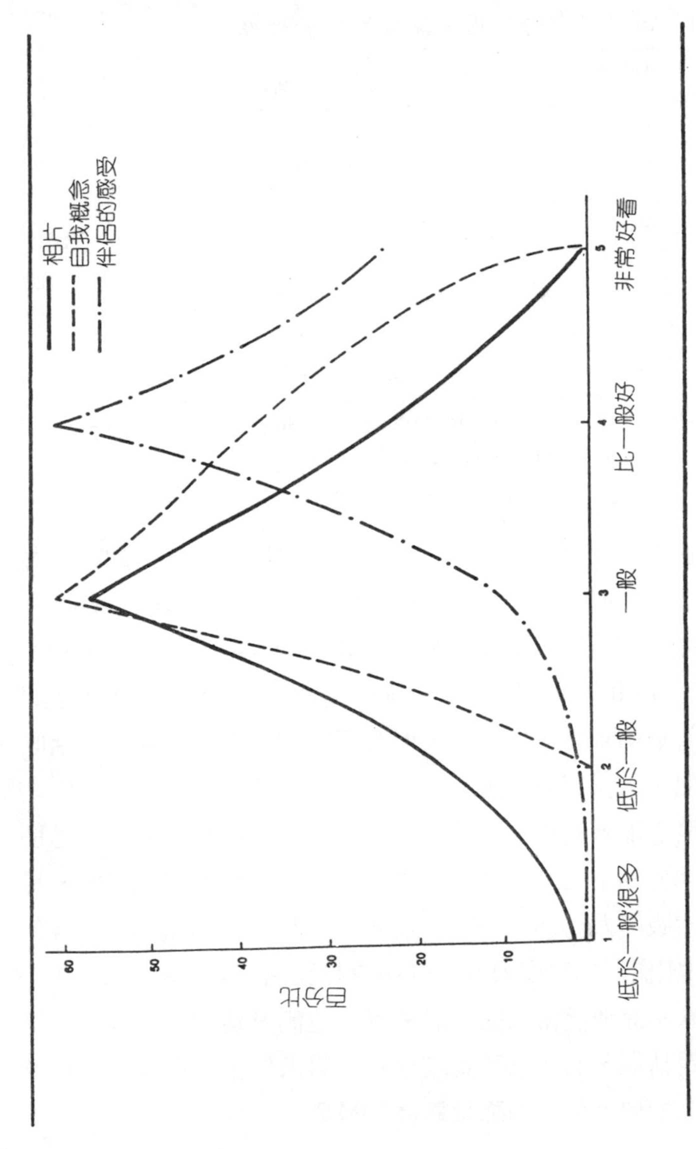

圖2.2 對大學女生外表吸引力的三種測量法

表2.5　由吸引力的分類，沒有結婚女性%

吸引力	沒有結婚
1低	13.0
2	12.5
3	5.6
4	3.0
5	2.4
6	5.9
7高	1.5

SOURCE：Udry and Eckland (1984: 55). Reprinted by permission from Psychological Reports.

吸引力：擇偶

求愛中及已婚的男女，在很多研究顯示，外表的吸引力比類似性的影響要大（Murstein, 1972c；Murstein & Christy, 1976；Price & Vandenberg, 1979；White, 1980； Feingold, 1981；Folkes, 1982）。大多數研究亦顯示：當繼續求愛，那些在吸引力不同的伴侶，比吸引力相似的伴侶，來得容易分手。

雖然配偶的情況無法控制，但，外表的吸引力可能也是影響關係的主要原因之一。事實上，在關係很好的情侶，其伴侶對吸引力的感受皆在一般之上，如圖2.1和2.2所示。事實上，照相機顯示吸引力的分佈必需是正常，表示有扭曲關係。這些未必靠他們自己就可以決定。他們無疑地是以他們的關係來看情侶，而非以容貌或身材。男人似乎比女人需要有吸引力的配偶，他們的感受適合其需要。

另一種解釋是：男人可能和他認爲符合其特殊標準吸引力的女人結婚；而這種女人在一般標準上來說，卻不一定有吸引力。資料沒有提供這二種解釋的平均值。

以前的婚姻狀態

在西雅圖有一項研究：從1939～1946，顯示以前的婚姻情況在選擇結婚伴侶時佔有一重要的角色（Bowerman, 1953）。單身、離婚、喪妻的會選擇類似情形的人，且會結婚的機率也大。此一發現進一步肯定下來調查的資料。

此種選擇的理由，部分可能和前面所提的類似性的滿足有關。另一個因素是市場對離婚或喪偶的評價比單身的要低。因此，例如一位離婚的人在找對象時，對有離過婚的接受度會比沒離過婚的接受度要大。在第五章及第七章會大量討論到個人的交換價值。

親近（接近：靠近）

理論

在1931年, James Bossard發現在連續5000份結婚證書中，有一位或二位是費城的居民。他發現約超過⅓的居民互相住在5棟房子裏，而結婚的百分比持續穩定地減少，而市場上，伴侶居所相隔的距離也增加（Bossard, 1932）。

再晚些，Katz及Hill（1958）設了一個標準：互動理論（Interaction theory）——(1)婚姻是準則，(2)對合格地區有貢獻的文化團體傾向分別居住。因此，個體喜歡和他們自己本地的人結婚的，會找一個住在隔壁的伴侶。在檢視了不同的研究及Stouffer的作品有關變動及距離之後（Stouffer, 1940），他們下了一個反理論：其基本假設是——(1)結婚是準則；(2)在合格的區域準則內，結婚的機率直接和互動的機率成反比；(3)互動的機率和在一定距離的機率成正比（P. 56）。這意謂成功的求婚者考慮他或她可以靠旅遊來找到適合的對象。例如，以10哩和更短的距離相比。而相反的理論考慮個體不必住在一特定地區，而可能必須跨越些距離才能找到配偶。

Catton及Smircith（1964）在工作之後，注意到一個地區分佈的情況。他們研究一個月內西雅圖結婚證書分佈情形，每1000位新娘，其距離介於新郎和配偶之間。如圖2.3。

然後，根據Stouffer模式，他們計算出預期的比率，使用於配偶的選擇。判讀如下：「結婚的數目，對那些居住在一既定距離的人前結婚，與可能居住在那距離的配偶數成正比；而與居住在較短距離的人數成反比」（Catton & Smircich, 1964: 527）。

他們接著測試另一個模式（採納自Eipt, 1946，城市間遷移，並應用在婚姻上）：「和居住在一定距離的新娘結婚之新郎，和在那距離的新娘人數成正比，而與距離成反比。

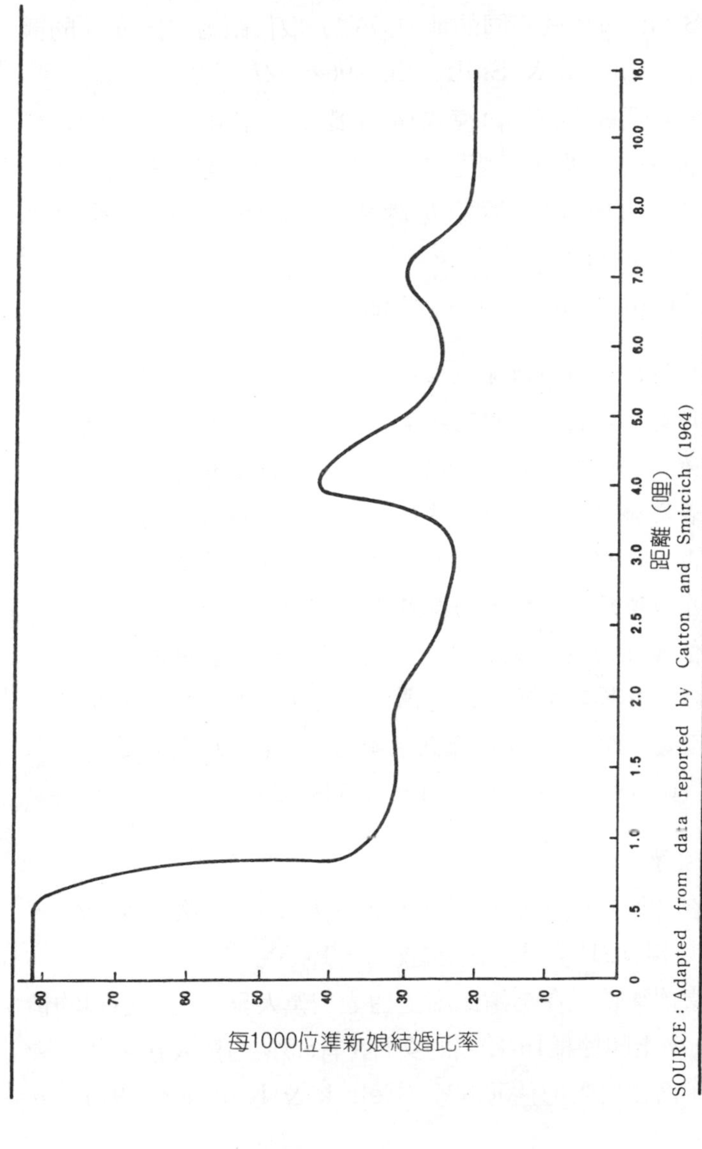

SOURCE : Adapted from data reported by Catton and Smircich (1964)

圖2.3　西雅圖每1000（準結婚的）新娘，與伴侶居住之間的距離關係

這和Stouffer模式不同的地方只在於取代距離，爲介入的機率。」（Catton & Smircich, 1964: 527）。

資料明顯支持Eipt模式，顯示距離的作用。大部分的人可在其居住的一哩內找到配偶（如圖2.3），雖然職位越高，新郎與新娘的地理位置距離越大（Harris, 1935；Koller, 1948；Coleman, 1973）。

Catton及Smircich注意到此，因爲：

> 結婚比率因距離而下降，比因介入機會而下降的情形更爲明顯。我們可推測：一個人找尋伴侶的成功機會可能很小。可能配偶的排列，在環境中已有顯著增加，在擇偶上，額外的人不眞正構成額外的「自由度」。一般人可能只認識他們其中的少數（無論在地理條件上對他們有多少可能的配偶機率）。一位異性的既定人選會包含在那少數人當中的可能性，有賴其所花費的時間和精力去超越距離，產生互動，但不是機會介入去與其他類似的人互動。〔Catton & Smircich, 1964: 528-529〕。

婚前懷孕

在1980年代，婚後懷孕的比率爲：15-17歲婦女18%，25-29歲婦女91%（U. S. 調查局，1985）。

當懷孕時，在結婚比率上白人與黑人呈現相當不同的情形。一項全國抽樣15-19歲的女性，有8.5%的黑人在生產前會結婚，而在白人則佔50.8%（Eelnik & Kautner, 1974）。

但我們如何認定婚前懷孕不是反映著將會缺少關心結婚之後9個月小孩出生？他們可以不必結婚，但寧願選擇結婚。更進一步說，某些人無論如何一定要結婚，而某些人可能會認爲他們的情侶只是可能的配偶（甚至不完全適合）。不過，社會並不認爲孩子來得太早，但對那些婚姻來得太晚的女人，這種恥辱仍然是可怕的。但仍有別的方法，測出婚姻「走火」（shotgun）的層面。

擇偶

如果一個人眞的覺得他們必須結婚，而不願有結婚的選擇，那我們會期望他們的背景比那些不考慮婚前懷孕的人來得不同些。有一項研究指出，若父母親彼此的職業水準較相似，較高的教育，及相似的宗教信仰者，其結婚夫妻中，女人會比較不容易婚前懷孕（Coomb, Freedman, Friedman, & Pratt, 1970）。因此，婚前懷孕可能在一種沒有發生的婚姻中形成。

最近幾年，最高法院的墮胎權裁定，可能已減少婚前懷孕的重要性。然而，某些人仍反對墮胎，認爲不道德，該受罰甚至謀殺。只要他們仍堅信此一信仰，在婚姻中婚前懷孕的影響仍是有作用的。

性

為性趣而擇偶

在擇偶的決定上，很少注意到性需求及性趣，然而，已不再強調可能是因爲「不好意思」而更勝於其缺乏重要性。當然，一些研究已高度顯示性趣（在爲夫妻做人格測試）(Murstein, 1961；Banta & Hetherington, 1963；Centers, 1975)。

除了爲擇偶外，夫妻中有高性需求的男人如和普通或低性趣的女性成對，則顯示在人格的互相適應上，會比一對夫妻性趣差異較少的，來得不易相處 (Murstein, 1974c)。其變數與良好的求愛過程有關，包括：一對夫妻在性高潮頻率差異不大，男女雙方都有相同性需求，女性經常達到高潮。總之，性的適應在婚姻的選擇上扮演重要角色。

社經階級

一個男人的賺錢能力與其結婚率有強烈關係。(Cutright, 1970)。在1969，於高社經階級的白人男性中，45－54歲（高度賺錢能力），只有2.2%沒有結婚，和低社經階級的比較（13.4%），顯然差很多。對黑人，相對的數字爲

4.5%及10.6%（Carter & Glick, 1976）。階級不同的比率代表對婚姻不同的態度和期待。

擇偶

社經地位依照擇偶法則，許多研究已有具體的結果（Centers, 1949；Hollingshead, 1950；Dinitz, Banks, & Pasamanick, 1960）。

雖然全部顯示其法則爲同質性，一般認爲女人（如她們與同質性的人結婚分開）傾向於與地位高的男人結婚。因爲女人的地位通常要依賴丈夫獲得，如她與地位較低的男人結婚，必會經歷生活水準下降。還有許多「高地位」的女人都比較喜歡保持單身，並已接受家庭生活的舒適，而不願與地位低的人結婚。另一方面，一位有錢的男人與地位低的女人結婚只會損失一點。

在較低階級中，和一位不與自己階級相同的人結婚，很難吸引比自己高階級的女人。因此，依此推理，未婚的世界大部分是由高階級的女人及低階級男人所代表。

女人與「較高地位」的人結婚的理論在許多研究中得到支持（Centers, 1949；Hollingshead, 1950；Snudal & McCormick, 1951），但大部分這些研究只限於當地團體或有些差別。不過，晚期的Rubin（1968）& Glenn, Ross, & Tully（1974）研究則不支持「女人與高地位結婚，男人與低地位結婚」的主張。

價值觀

許多針對擇偶價值觀的研究結果顯示其重要性居中，比年齡稍弱，但比人格特徵爲強。早期研究顯示，夫妻對於戰爭、避孕、政治的配合度仍是從中等到強烈（Richardson, 1939）；晚期的研究，則集中在價值觀喜好的測試，如：經濟、理論、美學、社會、政治、宗教，亦顯示極大的類似性（Schelleuberg, 1960；Hutter, 1974）。婚姻價值觀在擇偶上與性的角色相同（Murstein & Williams, 1985）。

價值觀的選擇亦因階級而異，最高社經地位者顯示，最大的價值觀有類似性（Dentler & Hutchinson, 1961；Kerckhoff, 1972）。價值觀比人格特徵對擇偶來得重要的一個理由是：前者比較容易說出來及觀察到，也容易測量，而人格則難以測量，如：「誇大」、「成熟」。

摘要與結論

本章貫串的主題爲夫妻在擇偶的差異性很大。如Buss注意到（1985）：年齡、教育、種族、宗教、種族背景爲主要擇偶重要因素。態度和意見有時比較沒有影響，接著是智慧能力、社經階級、身高、體重、眼睛顏色②；人格差異；兄弟姊妹的人數③；及生理特徵如：手臂長度、身高、體重、心跳等等。

令人驚訝的是，人格類似性啞然無音（與其他差異相比）。這部分因爲其缺少可記錄的具體東西，很難量化及測量（和態度和意見相比已如此，更不用說年齡及教育）。

在擇偶上一項爲大家所忽略的因素是性。性的一個可能結果——懷孕——迫使很多人結婚（他們可能寧願不結婚）。性趣對擇偶的影響居中，但很少出版品提到此事實。

擇偶的事實非常廣泛，其結果可能超越個人在選擇另一個人所包含的複雜性（Lewontin, Kirk & Crow, 1968）。擇偶的重要性（雖然它無法改變基因頻率），卻能以特別的方法重新分配基因。如果富人與富人結婚，窮人與窮人結婚，則家庭中的差異減少，而家庭間的差異增加。Garvison, Anderson, 和 Reed（1968）注意到階級的差異因而永遠存在。無論什麼基因特質影響富人之所以爲富人，窮人之所以爲窮人，其影響永遠存在其中。在基因基礎中，階級結構將是永遠不變的結果仍有待爭論，在本書不加討論。然而，以下的結論似乎是合理的：相同能力及社會階級的人發展類似的興趣，上相同的學校，參加相似的俱樂部，而結合成夫妻，如此循環的擇偶傾向。因此，遺傳和環境可能造成階級差別的永遠存在。

註釋

1. 許多研究已報告性需求爲人格不同的一特徵（Murstein, 1961；Bauta & Hetherington, 1963；Centers, 1975）；然而有些則認爲只有稍微的關係（Blazzer, 1963；Heiss & Gordon, 1964；Saper, 1965）。然而，是否性趣爲人格之一仍爲一個問題。至少，它在某方面不像人格特質。我將它與人格特質分開。
2. 眼睛顏色可能是種族選擇結果。如義大利美國人和義大利美國人結婚，則必生黑眼睛。
3. 和一位類似的兄弟姊妹結婚是人爲的，因爲宗教、種族和社經的選擇（富人的子孫比窮人少）。

第三章
擇婚的種族和宗教因素

種族

選擇結婚對象時，一個最顯著的趨勢就是選擇同一種族的對象結婚。1982年的政府資料顯示，五千零二十九萬四千（50,294,000）對結婚男女中，有六十九萬七千（697,000）對，大約佔百分之一點三九（1.39%）是異族通婚。在這些異族通婚中，有將近四分之一是黑白通婚。因此，異族通婚，特別是黑白通婚成爲美國婚姻狀況的極小部分。

一個人選擇同一種族的對象結婚的理由不勝枚舉。在前文，我們已經討論過相似點的影響。直到最近，種族同等才爲社會接受，社會上對異族通婚的偏見可由州法禁止異族通婚看出。第二次世界大戰時，大部分的州仍立有禁止異族通婚的法律。這些法律主要是針對黑白通婚，但是有些州將其他種族也列入。加州在1905年立法禁止白人與蒙古人結婚，

1933年禁止白人與馬來人結婚。1948年才發現這些法律是不合憲法的（Cretser & Leon, 1982）。

法律對於黑人的定義是有點武斷。大部分的州斷定一個人具有某種族血統的八分之一，就屬於那個種族（3代），但是阿肯瑟州規定「任何人的血管裏只要流有黑人的血液」就不得和白人通婚（Weinberger, 1966: 158）。

在懷俄明州（Wyoming）對異族通婚的當事人及知情不報的官員的罰則是罰金一百（100）至一千（1000）美元；或是刑期1至5年；或是二者兼具（Barnett, 1964）。1967年，當美國最高法院在著名案例Loving & Virginia一案中宣布結婚是個人的權利，因而廢除禁止異族通婚這條法律時，仍有16個州堅守禁止異族通婚。

為了使人和同種族的人結婚，社會施予這麼多的壓力，而究竟是什麼原因能夠影響一個人，讓他和異族通婚？

與異族通婚相關的因素

種族對夫妻而言並不重要　有些人和他們所愛的人結婚時完全沒有考慮到膚色是令人質疑的。但是，事實上一百對男女中只有一對是異族通婚的結果來看，每個人其實對異族通婚都會感到有點不自然。此外，如果丘比特對膚色真的這麼盲目的話，那麼人口統計學上的變數就沒有理由和異族通婚連在一起。然而，我們很快就可以看到，事實不是這樣。因此，異族通婚的人實際上是非常清楚地知道他們配偶所屬的種族。

心理因素　心理學家奧斯穆森（John Osmundsen）說：「許多心理痼疾均來自於『大多數』的黑白婚姻…當事人利用社會上的反對意見，或禁止異族交往的機會，發洩他們的個人問題」（Osmundsen, 1965: 73）。先不論心理問題是否來自於大多數的異族通婚，根據臨床醫師的觀察指出，異族通婚有時候確實是一個原因。因異族通婚浮現出來的問題有恨自己及自己的膚色、反抗父母、及只有和地位比較低的種族人結婚作爲懲罰自己，才能減輕的罪惡感。男性黑人可能會受到女性白人的吸引，是因爲女性白人是禁果，因此就更加誘人。它也可能是一種打擊白人社會對黑人經濟和社會歧視的方式。

有一些人受到黑人神話的吸引，認爲黑人比較像動物而不像人，因此不受到現代文明的約束，而能夠追求他們如動物一般的慾望。因爲仍有很多男人迷信於陰莖的大小和滿足女人的性慾望有關，所以黑人那被幻想出來的龐大陰莖就是一項威脅。對於一些女人而言，這可能很令人興奮：

> 黑人的陽物就是他的刀劍。當他進入妳的妻子體內，她眞的可以感覺到其中奧秘。這是一種新發現。在它離開留下的空隙當中，你失去了你的小玩具。不斷上下抽動直到整個空間充滿你的汗水，你的勢力，及你的咻咻喘息聲。再見…四個男性黑人的陽物可以充滿一座大教堂。除非它們的充血消退，否則他們是無法離開教堂的；而在如此封閉的

地方，這不是一件隨便就可以做到的事情。〔Fanon, 1967: 169〕

事實上沒有證據顯示黑人的性能力和白人有什麼不同。

有一些「自由派」的人爲白人對黑人所做過的事感到罪惡，所以爲了爲身爲白人贖罪，他們和黑人通婚，結果卻造成對二個人的懲罰。

「黑即是美」的口號已經爲精神分析師加以利用。（Saucier, 1970；Gearhart & Schuster, 1971）。根據精神分析師的看法，身處於未決的戀母情結情況中的男性白人，有可能將妓女母親（稱之爲妓女是因爲對孩童而言，媽媽貶低自己和父親同床），視爲同時具有母性和情欲二種表徵。佛洛伊德本身就注意過這樣的例子，「他們愛的，他們卻不渴望；他們渴望的，卻不能愛」（Freud, 1957: 179-180）。寶貴的、純潔的白種女人就好比他們的母親，可以享受母性，但是不能有性的渴望。黑人女性如被貶視的妓女，白人男性可以從她們身上感受到毫不羞慚的性欲望，卻沒有特別的情感。此種情形確實發生在奴隸制度盛行，南北戰爭之前的南方男人身上，儘管現在白人男性和黑人女性的結合還是不多見。

總而言之，提出心理學的觀點來說明異族通婚，以臨床醫師的角度來看，應該是合理的，但是有關於數量的資料，卻從來沒有被提出來過。因此，不是只有佔一小部分的異族通婚可以根據心理學的爭議來說明，是很令人質疑的。其實有更多有力的理由，可以說明大部分的異族通婚的情況，現在我們將加以解釋。

同等性　一些研究指出，和黑人結婚的白人，他們的社會經濟地位大部分是和黑人同等的（Pavela, 1964；Heer, 1966；Burma, Cretser & Seacrest, 1970）。教育程度相等也是規則之一（Bernard, 1966）。

種族比例　黑白通婚的可能性可以區分成二個明確的機會：⑴他們得以見面的可能性，及⑵他們彼此吸引，並決定結婚的可能性。第一種可能性假設，如果一個人置身於一大群不同種族的人當中，就會產生接觸，而有些接觸會導致結婚。另一方面，對於同族結婚，一般人認爲因爲同黨態度的影響，會讓一個人決定嫁娶獲得他同黨認同的對象。因此，大部分的黑人是大部分的白人不得接觸的對象，反之亦然。互相矛盾的「置身說（exposure）」和「同族結婚說（endogamy）」的假設，可以在改變黑人、白人的分佈狀態中測試，並比較出異族通婚的比例。

赫爾（Herr, 1966）的研究發現，在加州的26個行政區內，異族通婚比例直接和該區黑人所佔的比例有關。但是，在黑人都住在黑人區的地方，這種關係是剛好相反的。所以，如果一個城市裏有許多貧窮的黑人都聚居在黑人貧民窟裏，那麼根據這個城市黑人、白人的比例，可預測該地的異族通婚比例和黑人、白人分佈比較平均的地區的異族通婚比例相比較，就會有所誤差。簡言之，一個白人衆多的地區中出現一大群黑人，而且兩個種族中均有相當的人數具有類似的社會經濟地位及教育程度，異族通婚的比例就絕對和此有關。

黑白通婚的比例，雖然受到可能的見面機會的影響，顯然還是被同族通婚的觀念影響較多，因爲所有的結婚新人當中，只有其中的一小部分，百分之一（1%）是黑白配。此外，除了膚色之外，和婚姻選擇相關的其他因素，就是他們自己會發現二個種族之間並不均衡的情勢，這也會誇大了膚色的影響力。譬如說，婚姻中對社會經濟狀況是相當挑剔的。富配富，窮配窮。很多白人比黑人富有。因此，某些避免異族通婚的理由，主要是肇因於社會經濟上的差異，而不是膚色（Blau, Blum & Schwartz, 1982）。

最後，18歲以上的男人女性比男性多（Spanier & Glick, 1980）。男人死亡率比女人高，而且黑人男性比黑人女性的死亡率相較於白人男性，比白人女性的死亡率要高出許多。除此之外，黑人男性從軍及入獄的比例要比白人來的多，又爲異族通婚增添一臂之力。基於這個理論，我們可以預期有較多的黑人女性比男人男性會和異族通婚，但是稍後我們可以看到，事實卻不是這樣的。

社會態度　異族通婚的比例應該會受到意識型態的影響。直到第二次世界大戰，大部分的白人對強烈反對異族通婚的觀念並沒有什麼懷疑。但是，最近這樣的態度已經有了戲劇化的改變，如表3.1所示。儘管有這樣實質上的改變，大部分的美國人仍然不贊成異族通婚。然而，15年來，超過一倍以上的人接受異族通婚的觀念顯示，打算和不同種族結婚的人，會發現社會的接受度愈來愈高。

表3.1　你是贊成亦或不贊成黑白通婚？

年度	贊成（%）	不贊成(%)	沒意見
1983	43	50	7
1978	36	54	10
1972	29	60	11
1968	20	72	8

SOURCE：Gallup Report（1983: 10). Reprinted by permission from the Gallup Report.

我們已經討論了一些和異族通婚有關的因素，但是我們尚未試著找出那一種黑人會和那一種白人結婚。對於這個問題，我們必須深思異族通婚的兩個理論。

異族通婚的理論

摩頓理論

在戴維斯（Davis, 1941）的作品中，摩頓（Merton）重申，每一個人從遵守要求個人和自己文化族群中的人結婚的準則中，所能獲得的獎勵。但是，違反準則的事情發生時，就有交換的情況出現，所以階層較低的人就必須爲這樣的一段關係，額外付出以彌補「上層」人士的較高地位。膚色（白色）是地位的一個表徵，社會經濟階級是另一個，這使得摩頓提出三種假設：

1.較低階層的白人女性和較低階層的黑人男性結婚的發生率，應該要比較低階層的黑人女性和較低階層的白人男性的結婚的發生率來得少。這樣的結合才可使地位產生平衡。

2.最常見的結合狀況是較低階層的白人女性嫁給較高階層的黑人男性。假設較低階層女性的「白色膚色」，可以使她和她較高階層的配偶產生平衡①；那麼，許多其他方式的結合，就無法提供身分和階級的平衡。黑白通婚之中的二位當事人若都是同屬較低或較高階層，就會造成不平衡而對白人有所傷害，如果較高階層的白人和較低階層的黑人結婚，就更不平衡了。

3.最不常發生的結婚結合，應該是較高階層的白人女性嫁給較低階層的黑人男性。

可以用來佐證這些假設的證據相當少。渥斯（Wirth）和郭漢漠（Goklhammer）在1914年至1938年，對波士頓的黑白通婚的研究資料，並不支持上述三種假設。關於第一種假設，較低階層的白人女性和較低階層的黑人男性的結合，和預測的剛好相反，這種結合要比較低階層的黑人女性和較低階層的白人男性之間的結合多出三倍。（Wirth & Goldhammer, 1944）

第二種假設，即最常見的結合是較低階層的白人男性和較高階層的黑人女性之間的結合，也不獲支持。最普通的一種結合就是黑人新郎和白人新娘的職業程度是同等的或幾乎是同等的。

但是，若是不具同等性，那麼第二種假設裏的婚姻關係，確實就依循著黑人（通常是黑人男性）為了彌補他在社會上屬於較低階層的膚色，而娶一個在社會經濟地位上他能勝過的白人配偶（Bernard, 1966；Das, 1971）。因此，伯納（Bernard）調查1960年的人口統計發現百分之十八點六（18.6%）的黑人男性和教育程度較差的白人女性結婚，而當時黑人男性娶黑人女性的比例降至百分之十一點七（11.7%），儘管白人女性的一般教育程度要比黑人女性高。

對於摩頓的假設，一份較新且完整的報告是由希爾（Heer, 1974）根據1970年的人口統計資料完成。他利用三種教育程度（0-8年，9-12，13+）作為階層指標，他分析摩頓理論其中二項假設，結果獲得四點預測正確，八點預測不正確的結果。若是將摩頓的第三項假設包括進來（即女性嫁給程度較低男性）也產生四點預測正確，八點預測不正確的結果。

摩頓的第三項假設，也就是最不常發生的情況，即較高階層白人女性嫁給較低階層黑人男性的這項假設是對的，如表3.2。1960年至1970年間結婚的人，而且僅結過一次婚的人，依照記錄只有112件教育程度超過13年的白人女性，嫁給教育程度8年或更少的黑人男性的例子。因此，摩頓的假設已經獲得確認。但是，根據他的邏輯推理，儘管他沒有真正的做出假設，教育程度較高的黑人女性嫁給教育程度較低的白人男性，和教育程度較高的白人女性嫁給教育程度較低的黑人男性的比例應該差不多。這項假設的理由，是根據假設中的白人當事人可以依恃他們的種族，而嫁娶比自己程度高的另一

表3.2 夫妻教育程度和種族的結婚對數[a]

丈夫的種族和教育程度	妻子的種族和教育程度					
	白人			黑人		
	13+	9-12	0-8	13+	9-12	0-8
白人，13+	2,096,927	1,407,467	31,307	1,868	1,173	62
白人，9-12	548,294	4,030,133	252,724	409	2,442	402
白人，0-8	37,118	459,291	279,555	18	612	366
黑人，13+	3,421	1,694	161	77,491	64,954	3,052
黑人，9-12	1,262	7,358	796	62,658	487,027	48,014
黑人，0-8	112	973	642	6,730	90,876	60,271

SOURCE：D.M. Heer (1974: 253)

a.：表中之當事人均僅結婚過一次，而且第一次結婚都是在1960-1970年，美國，1970。

種族的人。但是，照表3.2所示，只有18件較高階層的黑人女性嫁給較低階層白人男性的例子。另一方面，黑人女性及白人男性的教育程度均超過13年的結婚案例有1868件。所以，比較上來說，較高階層的白人女性很少嫁給較低階層的黑人男性，似乎也補償交換說要更是一項規則了。

異族通婚的新理論

根據摩頓理論中的各項變數、社會經濟地位及種族，並無法說明爲什麼黑人男性和白人女性的結合，要比黑人女性和白人男性的結合要來的多，如表3.3所示。應該要考慮一個更廣泛的交換說，即婚姻選擇中，二個性別並不擁有同等的權力，而且男性在社會上的地位較高（Murstein, 1973b）。

表3.3 美國黑白通婚的對數，
1960，1970，1980（以千計）

	1960	1970	1980	1960至1980的百分比變化
總數	51	65	167	+227
夫黑妻白	25	41	122	+388
夫白妻黑	26	24	45	+73

因此，如果黑人想要和另外一個種族的人結合，男性比女性更能吸引白人伴侶的注意。我們即將檢視的研究報告，將調查一個人的性別及膚色是否會影響夫妻關係。

以膚色做為象徵

摩斯坦（Murstein）及艾布萊森（Abramson）（1985）要調查員在大學校園向20對不知情的異族情侶（13對黑人男性、白人女性，7對黑人女性、白人男性）評估他們對彼此的吸引力。調查員並不知道調查的目的。作者的假設是，由於黑人的膚色在以白人爲主的社會裏是一個負數，因此黑人必須在一項重要的特質中超越以彌補此一負面評價。這一重要特質就是肉體上的吸引力。所以假設黑人要比他們的白人伴侶富吸引力的多，而這項假設也獲得證實。

一些報告（例如Parrott & Coleman, 1971；Udry, Bauman & Chase, 1971；Moss, Miller & Page, 1975）已經研究種族和膚色對吸引力、教育程度、及社會經濟可動

表3.4　1969年黑白通婚案例中依性別、種族、及收入區分的人數比例，夫妻雙方均僅結婚一次，而且第一次結婚的時間爲1960-1970年間，美國，1970

	黑人男性	黑人女性	白人男性	白人女性
總數	1.8	0.8	0.08	0.18
少於3,000美元	1.6	0.8	0.09	0.16
3,000至6,999美元	1.7	0.9	0.11	0.24
7,000至9,999美元	1.9	1.2	0.07	0.25
10,000美元以上	2.9	0.9	0.05	0.36

SOURCE：D.M. Heer (1974: 252)

性產生的效果。研究發現，大部分的人認爲白人比黑人富吸引力。膚色較淺的黑人男女比膚色較深的黑人男女，擁有較高的學歷、職業、及社會經濟可動性。

在另外一項報告中指出，黑人調查員認爲黑人小孩比較容易覺得膚色淺的孩童比膚色深的孩童好看。此外，百分之七十（70%）被調查員評定爲膚色較淺的黑人小孩認爲自己長得「非常」或「相當」好看；而被調查員描述爲膚色較深的孩童中，只有百分之四十七（47%）認爲自己長得「非常」或「相當」好看（Rosenberg & Simmons, 1971）。

1970年的人口統計，以收入和教育程度分析異族通婚，也爲交換說的理論尋得支持。表3.4說明黑人男性的異族通婚率，隨著他們的收入穩定地上升，然而黑人女性卻不是如此。

表3.5　夫妻雙方教育程度依夫妻種族區分的百分比
美國，1970

教育程度	白人丈夫		黑人丈夫	
	白人妻子	黑人妻子	白人妻子	黑人妻子
所有的夫妻[1]	100	100	100	100
丈夫				
沒有上中學（0-8）	8.5	13.5	9.7	17.5
中學（9-12）	52.8	44.2	61.1	66.3
大專（13-或以上）	38.7	42.2	29.2	16.1
妻子				
沒有上中學	6.2	11.3	9.7	12.4
中學	64.4	57.4	61.1	71.3
大專	29.3	31.2	29.2	16.3

SOURCE：Adapted from U.S. Bureau of the Census (1970, table 12).

[1]：所有的夫妻，夫妻雙方均為第一次結婚，而且結婚時間為1960至1970年間，不包括同族結婚的夫妻。

比較可能的一種說法是，家庭收入和丈夫的收入而不是妻子的收入有關。因此，黑人丈夫在異族通婚中被視爲收入來源的比例，要比黑人妻子來的高。相反地，收入愈高的白人男性，比較不可能異族通婚，白人女性也差不多如此。具有收入的白人男性，可以在他自己的同族內找到社會上比較接受的女人，不需往外尋找。擁有收入的黑人男性，比收入不多的黑人男性更易獲得白人女性的青睞。

依據交換理論，表3.5顯示娶了白人妻子的黑人丈夫的教育程度，比娶黑人妻子的黑人丈夫要高，但不比白人丈夫高。嫁給白人丈夫的黑人妻子的教育程度，不只比嫁給黑人丈夫的黑人妻子高，也比一般白人妻子高。

可能有二種理由可以說明這項發現。第一個理由是黑人女性比黑人男性更不容易找到一位白人配偶，因爲除了膚色的劣勢之外，她還要加上性別的劣勢。因此，爲了要幫助自己，黑人女性的教育程度不僅要遠高於她的黑人女性同胞，也要可以和白人女性比擬。第二，就如我們之前注意到的，大學程度的黑人女性，比教育程度較低的女性更有機會和異族通婚，因爲，相對地，她們可以遇見比較多的白人男性及比較少的黑人男性。

總而言之，黑人、白人彼此互相吸引的理由，通常和影響種族同等的婚姻中的因素一樣。他們評估婚姻中的正數和負數，來尋找可以公平地交換彼此價值的配偶，但是和種族同等的婚姻不一樣的地方是，他們將白人視爲種族優勢，所以黑人一定要在某些特質上比白人優異。但是，交換說的理由會被可得性所修改。不論在那一個階層，可能的配偶都不可能同樣地區分。因此，異族通婚中配偶的選擇，似乎在交換說和可得性中達成協議。黑人必須要提供比較多的東西給白人，只因爲現有的社會偏見，但是這種結果在高階層人士當會逐漸消失，也就是當配偶的可得性將黑白通婚推向種族同等的原則時會逐漸消失。

由於黑人的經濟狀況有所改善，種族歧視也減少，因此得以異族通婚的人將愈來愈多，交換說中價值的差異也應該愈來愈少。結果就是異族通婚率升高。然而，進步的腳步緩慢，所以未來幾年內的改變，儘管異族通婚的增加率令人刮目相看，應該仍然是將異族通婚，侷限在所有婚姻狀況中的一小部分。

宗教

根據文化相似性的優勢，我們可以預期每一個人比較傾向於和自己信仰相同宗教的人結婚。可是，美國是個文化的大熔爐，它將不同的人都轉換成美國人。這個表面看起來似乎互相矛盾的觀點，也許可由赫林雪德（Hollingshead, 1950）的報告加以澄清，他說1948年New Haven的註冊登記結婚的情況是，百分之九十四（94%）的天主教徒，百分之九十七（97%）的猶太教徒，及百分之七十四（74%）的基督徒和自己有同樣信仰的人結婚。這些數據本質上和甘迺迪（Kennedy）早幾年在同一地點所作的調查相同（Kennedy, 1944）。

甘迺迪發現不同的種族但有相同宗教信仰的人，有通婚的一些傾向（例如，波蘭籍和義大利籍天主教徒，有彼此通婚的傾向）。這讓赫林雪德感覺到不是只有一個，而是「三個爐子在一段未定的時空中，並肩快樂地沸騰，但是彼此之間卻沒有太多的關聯」（Hollingshead, 1950: 624）。

甘迺迪的資料受到嚴苛的批評，批評者說他的研究報告不只有方法論的疏失，還有簡單的算術錯誤（Peach, 1980）。另一位研究學者注意到，稍微低於百分之二十（20%）的天主教徒和非天主教徒結婚，因而受到教會的制裁（Tomas, 1951）。他估計天主教徒的異教通婚總比例，包括沒有受到制裁的婚姻，至少是百分之三十三（33%）②。康乃狄克州（Connecticut）天主教徒的異教通婚率，估計是百分之二十五（25%）左右。全國比例據估計是甘迺迪數據的5至6倍，康乃狄克的估計比例則是他的四倍。我們如何解釋這麼大的分歧？

除了甘迺迪方法上的錯誤之外，他的研究調查地點紐黑文的一個特點，就是它含有相當多的猶太教徒、天主教徒和基督徒，這一個特點使得它和康乃狄克及美國的許多其他地方不一樣，而顯得不眞實。因此，赫林雪德和甘迺迪將來自New Haven的通則用在全美，就令人覺得基礎有問題。

另一個會讓人有同宗教通婚錯誤印象的原因是，許多人就在舉行結婚儀式前夕皈依，以便於能夠和他們的另一半有相同的宗教信仰。如果我們再多看一些最近有關異教通婚比例的資料，其中包括孩童從小的信仰，我們可以看出現在對於同樣的宗教信仰的顧慮，比甘迺迪當時的情形要小許多（表3.6）。注意表3.6中的總數，是根據或然性做基礎預估的同宗教通婚比例。因爲大部分的美國人信奉基督教，所以我們估計他們所遇見的人，大部分也應該是基督徒，因此可以預估同宗教通婚的比例大約是百分之六十八（68%），即使基督徒的他並不是一定要和基督徒結婚。

表3.6 配偶從小信仰的宗教（百分比）及相對配偶從小信仰的宗教，六個美國國家調查的共同資料

配偶從小之	相對配偶從小信仰的宗教						
宗教信仰	基督教	天主教	猶太教	無宗教信仰	其他	總數	人數
基督教	83.7	13.4	0.3	2.4	0.2	100.0	(4,050)
天主教	34.9	62.0	0.5	2.1	0.5	100.0	(1,568)
猶太教	10.3	7.5	80.1	1.4	0.7	100.0	(146)
無宗教信仰	59.7	17.5	1.3	18.8	2.6	100.0	(154)
其他	31.3	25.0	0.0	1.6	42.2	100.0	(64)
總數	68.0	26.2	2.3	2.7	0.8	100.0	(5,982)

SOURCE：Computed from data from the 1973-1978 General Social Surveys conducted by the National Opinion Research Center (Glenn, 1982: 559). Reprinted by permission from the National Council on Family Relations.

猶太教徒顯現出最可能和同宗教的人結婚的傾向，同宗教結婚的實際比例爲百分之八十點一（80.1%），而預估比例只有百分之二點三（2.3%）。但是，他們同宗教通婚的比例正逐漸降低。現在估計猶太教徒異教通婚的比例至少是三分之一（〈異教通婚爲猶太人社會帶來威脅〉，1979），而且，如果我們加上一些猶太教同宗教通婚的當事人，是在最後一分鐘才皈依猶太教的，那麼異教通婚的比率會更高。確實，在考慮到目前猶太教徒的異教通婚比例和猶太人的低出生率，我們可以預見猶太教徒可能會在一百年（100）之內消

失。

依比例提出的有關性別差異的研究和理論

在猶太人的異教通婚當中，通常都是男性猶太教徒娶女性異教徒（Hollingshead, 1950；Rosenthal, 1968, 1970）。至於天主教徒和基督教徒則男女較多異教通婚。有一些研究（例如Thomas, 1951, 1956；Burchinal, 1960a）指出女性天主教徒和男性基督教徒的婚姻最多；有一項研究的結果卻正好相反（Bossard & Letts, 1956），另外一些則沒有顯示任何的關聯（Hollingshead, 1950；Landis, 1960）。

梅爾（Mayer, 1961）提出一項理論，說明爲什麼男性猶太教徒異教通婚的比例較高。他說，社會上反猶太人的情緒愈高漲，男性猶太教徒和女性異教徒的結婚比例，和男性異教徒和女性猶太教徒結婚的比例比較，也會愈高。他注意到德國在1876至1905年間，上述二種異教通婚的比例大約相等。但是，之後到1933年間，男性猶太教徒和女性異教徒通婚的比例上升，他所持的理由就是，因爲當時反猶程度增高。依他之見，男人比較容易準備好採取主動，藉著和社會比較接受的人結婚，以避開偏見。

如果你接受反猶太主義自1870年以來就急遽上升的論點，那麼有關於德國的資料，就可以拿來用在梅爾的理論。而我則不相信。並沒有足夠的證據可以顯示在經濟大蕭條之前，德國的反猶太情緒一直在上升。沒錯，我不贊成利用社會和經濟的平等及偏見的減少，可以幫助被社會接受的觀念，造成了男性猶太教徒和女性異教徒結婚的比例增高。比女人有較高社會地位的男人，比較容易準備好採取主動「嫁進」這個社會。艾爾曼 (Ellman) 提出了四點男人在異教通婚中所佔的優勢：

> (1)少數民族的女性不若少數民族的男性，有比較多的機會和大多數民族的異性相遇。(2)宗教和父系社會的威權，對少數民族女性的影響要比男性來得高。(3)男性在約會及求婚時採取主動。(4)少數民族的男性娶了少數民族的女性，其地位愈增。〔Ellman, 1969: 25〕

美國黑人男性和白人女性結婚的比例，比黑人女性和白人男性結婚多的情形也支持上述理論。如果歧視真的已經消失，膚色及宗教也不再代表地位的象徵，我就會預期這二種型式（異族、異教通婚）的異族通婚，再一次的達到平等。所以，極端強烈的歧視，應該是假設幾乎不被世人接受的二種型式的異族通婚的比例是一樣的。社會完全接受會造成高比例的異族通婚，不論是對少數民族的男性或女性皆如此。現在是位於二者之間的轉型期，所以男性和較高社會地位的人結婚的人數比女性多。

屬於被歧視的宗教，或種族的男性比女性更容易走向異族通婚之路的原因，和他們比較高的交換價值有關。異族通婚中的猶太男人，比同族通婚中的猶太男人的經濟狀況要佳 (Ellman, 1969) 。和這個論點一致的是在一項天主教徒和

表3.7 總人口數中天主教徒人數的百分比及異教通婚的百分比，加拿大各省

省分	天主教徒比例	異教通婚比例
魁北克(Quebec)	88	2
新布朗斯維奇(New Brunswich)	51	8
愛德華島(Prince Edward Island)	46	9
諾瓦斯考蒂亞(Nova Scotia)	34	17
紐芬蘭(Newfoundland)	34	17
安大略(Ontario)	25	22
薩克基萬(Saskatchewan)	24	26
曼尼托巴(Manitoba)	20	32
亞伯達(Alberta)	20	33
英屬哥倫比亞(B. Columbia)	14	46
加拿大(Canada)	43	11

SOURCE：Dominon Bureau of Statistics (1954a: 400-409； 1954b: 137)

基督教徒的研究中發現，專業人士的妻子比不是專業人士的妻子，更容易有基督徒和天主教徒通婚的情況 (Salisbury, 1969) 。

與異教通婚相關的因素

見面頻率

也許和異教通婚相關的因素中，最重要的一點就是未來配偶的可得性。性別比例不均衡會影響可得性。阿拉斯加（Alaska）的男性必須爲相對來說少數的女性彼此競爭，和首都華盛頓的女人必須爲相對少數的男性競爭一樣。可是，更重要的是，屬於同一個宗教又容易見面的人的數目，如表3.7清楚地說明加拿大的情形。

美國也有著相同的情況。住在羅德島普羅登斯（Providence, Rhode Island）的猶太人，在一個世代以前異教通婚的比例，大約是百分之五（5%）（普羅登斯的猶太人相當多；Kephart, 1977），在印地安那州（Indiana）和愛荷華州（Iowa），同時期的猶太人異教通婚的比例大約是百分之五十（50%）（在這些州猶太人很少）。亞特蘭大（Atlanta）的天主教徒異教通婚的可能性是2比1（2：1）。

凝聚性

另一個影響異教通婚的因素，就是文化的凝聚性。德州非拉丁族裔的天主教徒異教通婚的機率很大，雖然德州有爲數不少的天主教徒（Locke, Sabagh, & Tomas, 1957）。因爲其中的許多天主教徒是墨裔美人，而拉丁美洲和非拉丁

表3.8　你贊成天主教徒和基督徒通婚嗎？

	贊成(%)	不贊成(%)	沒意見(%)
1983	79	10	11
1978	73	13	14
1972	72	13	15
1968	63	22	15

SOURCE：Gallup Report (1983: 8).Reprinted by permission from the Gallup Report.

表3.9　你贊成亦或不贊成猶太人和非猶太人通婚？

	贊成(%)	不贊成(%)	沒意見(%)
1983	77	10	13
1978	69	14	17
1972	67	14	19
1968	59	21	20

SOURCE：Gallup Report (1983: 9). Reprinted by permission from the Gallup Report.

美洲天主教徒的文化差異，使得他們儘管有相同的宗教信仰，還是限制了他們的往來。相反地，文化同化，如前文所述曾急速地發生在猶太人身上，就有助於異族通婚的增加。

和父母之間的關係

海斯（Heiss, 1960）調查同教通婚和異教通婚的人和

表3.10　1983年蓋洛普民意測驗調查贊成天主教徒和基督教徒，猶太教徒和非猶太教徒，及黑人和白人結婚的百分比，依據人口統計特性

	天主教徒和基督徒	猶太教徒和非猶太教徒	黑人和白人
全國	79	77	43
教育程度：			
大專	87	86	61
高中	82	79	39
小學、國中	55	55	23
天主教徒	89	86	47
基督徒	74	73	38
非白人	77	77	71
白人	80	77	38
年齡：			
低於30	88	87	63
30-49	79	77	45
50及50以上	73	70	26
65及65以上	66	60	18
收入：			
25,000美元及以上	87	85	51
5,000至20,000美元[a]	79*	77*	41*
低於5,000美元	75	67	36

SOURCE：Adapted from the Gallup Report (1983: 7-10)

[a]：這些數值代表蓋洛普更廣泛的細目的平均值；它們沒有因為測試樣本的數目而加權，真正的經過加權的平均值和打有星號(*)的數值，可能有百分之一(1%)至百分之二(2%)的誤差。

他們的父母關係時，發現一些不同點。異教通婚的人，年輕的時候比較容易宣稱和父母關係不佳，爭吵不斷，關係薄弱。

示範效果

海斯（1960）及其他學者發現（Brnett, 1962）父母對孩子的示範效果。如果父母親對宗教沒什麼興趣，也從不上教堂，那他們的子女比父母熱衷此道的子女，更容易異教通婚。如果父母是異教通婚，子女就更有可能異教通婚。

婚姻市場中的交換價值／從標準影響中掙脫

根據社會價值，在婚姻市場中擁有較少資產的人，如離婚者、很年輕的人、及比較老的人，都比較容易異教結婚。除此之外，離婚者、三十幾歲的人和比較老的人，比較可能受到社會上的壓力，因而也比較容易異教結婚。

對異教通婚的忍耐度

美國對異教通婚的忍耐度正在逐年增加，如表3.8及3.9所示。對猶太教和異教徒及天主教徒和基督徒之間的婚姻的認可度，幾乎是一樣的。就如黑白通婚的例子一樣，教育程度高的人、年輕人、有錢人、少數民族、及弱勢宗教的信徒，比佔全國大多數的教徒和種族，更能認可異教通婚。（參閱表3.10）

對異教通婚接受的能力愈來愈高，反應出幾項因素。1920年代以前，有相當多的美國人是移民。他們的宗教信仰，是他們帶到新大陸的文化資產的一部分。例如，來到美國聚居在猶太人區的俄裔猶太人，幾乎是一定和俄裔猶太人結婚。他們使得同種族同宗教結婚的比例上升。當他們初抵美國時，若還是未婚，通常的定居地是選擇靠近令他們覺得舒服的人的地方，也就是其他俄裔猶太人的聚集處，並在那結婚生子。

這些移民的子孫所面臨的文化藩籬比較少。在堪薩斯市（Kansas City）所做的一項調查顯示，百分之六十六（66%）在國外出生的父母強烈不贊成異教通婚，而在美國出生的父母，則只有百分之二十三（23%）不贊成（1969, Ellman）。宗教的重要性已經被社會階級給取代。對學生的一項調查顯示，認爲宗教的類似性對婚姻很重要的人數百分比爲：猶太人，36；基督徒，20；天主教徒，12。而社會階級對婚姻的重要性，所得的數據則分別爲：64、80、及88（Caplowitz & Levy, 1965）。

當然，態度和行爲是不一樣的，甚至同一個人的態度有時候都是不一致的。例如，蓋洛普測驗（1972）發現，大部分的人認爲兩人相愛就應該結婚，即使信仰不同也沒關係。可是，他們對另外一個問題的回答又顯示，他們不相信這類的婚姻會成功。

因此，看起來一般人對於理論上的其他人（黑人、猶太人、天主教徒）的態度，通常要比他們的個人行爲自由得多。大部分的大學生寧願忍受別人異教通婚的行爲，也不願自己嘗試（Landis, 1960；Cavan, 1971a, 1971b；Prince, 1971）。絕大多數願意考慮異教通婚的人，並不希望改變自己的宗教信仰。因此結果就是，他們的配偶改變信仰，或是他們同意子女的信仰隨其配偶的信仰。簡言之，對於另一半的宗教信仰有相當的忍耐力。

其他因素

都市化也被認爲和異教通婚有關（Thomas, 1951；Christiansen & Barber, 1967）。假設都市化也具有影響力的理由，是因爲它使人從社會壓力中稍爲解脫出來。婚前懷孕是異教通婚，同時也是異族通婚的另一項理由。排行順序據說也和異教通婚有關（Heiss, 1960），排行老么的異教通婚率最高，排行老大的最低。爲什麼如此的原因，可能是老大和老么比起來，受父母親薰陶社會化的程度較深，因而比較可能吸收老一輩對異教通婚比較保守及不能容忍的態度。

結論

雖然美國是一個民主國家，但是大部分的美國白人在匿名民調時都反對異族通婚，大部分的少數民族則反對異教通婚。但是，上述結果有逐漸寬鬆的趨勢。

異族通婚的當事人在許多變數中趨向於同等性，如社會經濟地位、教育程度、年齡等。在同等性搖擺不定的時候，白人通常從社會偏見中獲利，即和階層較高的黑人，像是教育程度、社會經濟地位、或魅力較高的人結婚。黑人則爲一個通常比自己差的白人配偶付出代價。

雖然人們宣稱對異族通婚的忍耐度增加，異族通婚的比例卻仍然偏低。顯然偏見加上不同的社會經濟、社會、及教育地位造成的鴻溝只能慢慢地拉近。

但是，異教通婚進展的速度就快多了。異教通婚沒有像膚色那麼明顯的標誌，因而限制通婚的障礙就少了許多。此外，宗教歧視的減少及種族和文化差異的縮小，移民已經在現在創造出愈來愈同等的美國文化，在這裏分享歐洲傳統的白種人，乃是因商業及教育的背景和養成而產生聯繫，並不是因爲宗教。因此，異教通婚——特別是猶太人，現正快速地被同化——應該是以輕快的步伐繼續前進。

註釋

1. 也許可以這麼想，較低階層的白人男性和較高階層的黑人女性，在回報上應該是均等的；但是，摩頓並未討論這一可能性。
2. 湯姆士（Thomas）使用的數據並不精確。令人遺憾的是，有些研究學者將這個比例用在婚姻上，有些人用在個人。這些比例並不相等，所以爲了比較之用，我將所有的數據轉換成適用個人的比例。

第四章
約會：吸引力和邂逅

一般人如何和可能是合適的婚姻對象相遇？美國殖民時期，婚姻是一種必需品，比實現人際往來的需要所佔的成分要高些。男人在農耕田事上需要幫手，女人及子孫就是最佳的勞力來源。女人需要身分地位及經濟支持，因爲當時並沒有很多工作開放給女人擔任。因此，當時的婚姻比現在更像一宗交易。由於必須謀求生計、男女交往環境太差、及封閉的青少年伴隨制度，因而沒有太多空餘的時間約會。沒錯，當時有「喧鬧的鄉村舞會」、蓋穀倉聚會、市集、及禮拜天上教堂等活動，但是和現在比起來，年輕人之間的互動次數及範圍還是很狹窄的。

同床共枕

假設一年輕男子對一位少女有意。而白天太寶貴了，可不能浪費在約會上，一定要用來工作。然而，農地很遠，晚上獨自行走也很危險，而且不管怎樣，大部分的家庭都在天黑不久之後就停工休息。農家家庭沒有客廳和沙發，更不用說客房了。但是，如果得到女方父母親的同意，年輕男子可以和他喜歡的少女消磨整晚，包括同床共枕。

家長想出各種方法防止身體上的接觸：床中央加上一塊木板；少女可能用一種很長的洗衣袋包裹至腋下；或是，她的衣服在某些敏感部位可能被縫死。

雖然婚前性行爲相當普遍，特別是美國殖民地時期已訂婚的男女之間更是如此，但是，性是男女開始交往之初，這種安排之下自動發展出來的狀況是令人懷疑的。當然，女孩並沒有什麼危險的地方，因爲大聲尖叫就會立刻引來外援。但是，男女同床易讓許多人產生淫亂的想法。最後，同床共枕的笑話就流傳開來；有一個笑話是這樣的，有一位母親問她的女兒有沒有把雙脚都放在洗衣袋內，天眞的女兒回答說，「親愛的媽媽，我只有伸一隻脚出來」（Aurand, 1938）。

前文曾經指出，科技及教育普及提供年輕男女見面及保有隱私的機會（譬如脚踏車、電話、汽車）。但是伴護制度的消失，並不代表年輕人已經準備好不顧傳統及父母親的意見。1920年代是一個轉型期，當時婚嫁的傳統——在適當的時候（在男人有了工作之後），和文化上「門當戶對」的人結婚，仍然受到大部分的中上階級人士遵守。社會學家渥勒（Willard Waller, 1937, 1938）提出一項約會的理論。他將約會視爲一種時間上的浪費。大學生的生理已經成熟，但是直到他們完成學業、結婚後，才可以談及性事。在此同時，他們爲了名望、身分地位、嬉戲享樂、及最重要的刺激而約會，度過這段時間。

約會並不只是輕鬆地休閒活動。它充滿競爭性。每一人藉著討價還價、欺騙、或其他任何可達目的的手段，爭取對方的青睞。尋找刺激的男孩，可能會嘗試說服女孩達到「目的」，但是他們很少獲得成功。如果男孩能在晚上的約會得到一個香吻，或是「觸摸感覺（feel）」，就算成功了。

可能獲致的最大成功就是和A級的女孩約會，也就是那些相當有名，來自女生聯誼會的女孩。男孩如果英俊、多金、端正、有車、及具有有效的「攻勢」，都是很有幫助的。攻勢就是儘量讓女孩知道他有多世故、文雅、令人想要、及令人崇拜，而且在他仍能保持冷靜和客觀的時候，和他墜入情網。根據渥勒所謂的「最不令人感興趣的原則」，就是一個人最不想繼續由另一個人控制的男女關係。

A級女生聯誼會的女孩，並不是沒有自己的武器。她們可以用自己的武器，擋開男孩的攻勢。她儘量將自己裝扮的非常美麗、穿高雅別緻的服裝、舞技高超，而且裝作很受歡迎的樣子。例如，接電話可以讓她的名字被廣播好幾次，讓住在女生宿舍的其他女孩知道她有多受歡迎。一個A級女生絕不接受臨時邀約的約會，不論這個男孩是多麼風趣。接受臨時邀約的約會，會讓自己身分降低。

約會的時候，女孩必須在適當的地點和合適的男伴出現，讓男伴大方地付錢，顯示出她的尊貴，她也不會答應任何有關性的要求。總而言之，渥勒視約會爲一種擊劍比賽，而不是健康的見面。每一個比賽的人無聊地偷偷地靠近他們的獵物，儘量利用本身的特質並隱藏缺點，而取得有利的地位。A級男生和階層比較低的女孩約會時，經常利用他優越的特質，交換她答應的性行爲。另一方面，A級女生可能會從平庸男生的身上獲得特殊的待遇。

雖然約會並不是爲了要結婚，它卻經常導致結婚。渥勒沒有辦法解釋這種結果。也許在「攻勢」當中，他們發現他們嘴上所說的，眞的就是他們的想法。

許多傑出的作者在寫到約會一文時，都支持渥勒的理論，但是大部分的研究學者都相當吹毛求疵。他們批評的重點，在於他說約會是浪費時間。約會可以說是在尋找結婚對象，或至少是人際關係的一種經驗。每一個人約會時，都會傾向找和自己類似的人，就像結婚的人找對象一樣，根本算不上是浪費時間（Hansen & Hicks, 1980）。此外，渥勒認爲在約會中幾個重要的因素（攻勢、汽車、裝扮、舞技高超），被約會的人認爲根本不是最重要的（Blood, 1955；Krain, Cannon, & Bagford, 1977）。友誼、親切、願意聆聽、培養自信心才重要（Vreeland, 1972）。

渥勒並不都是錯的。他的論點來自於1929年的賓州大學（Pennsylvania State University）。當時男女的比例是6比1，兄弟會盛行去爲一小群女生彼此競爭。當時的大學，不像現在是爲中上階級的人保留的，雄心萬丈的大學生經常延後結婚的時間。因此，地位和約會在一些大學校園內，只是一個短暫而微不足道的現象（Gordon, 1981）。

最後，如果我們強調的是剛開始的接觸，那麼渥勒對吸

表4.1 334位大學生如何邂逅他們的約會對象

邂逅方式	女生%(人數227)	男生%(人數107)
透過朋友	33	32
聚會	22	13
工作	12	5
班上	6	9
其他	27	41

SOURCE：Knox and Wilson (1981: 256). Reprinted by permission from the National Council on Family Relations.

引力和權力的變動，及男女之間所用的策略的說明，就切中了要害。當人們彼此不瞭解時，他們在許下承諾以前，通常都很細心，容易「偽裝」（Play game），及評估對方的市場價值。

他們如何邂逅？

大專

一項對大專學生的研究指出，在Southeastern College的大學生如何邂逅（Knox & Wilson, 1981）。如表4.1所示，大部分的男女經由各種不同的方式邂逅，其中最常見的就是透過朋友。另一個早幾年的研究的報導，也有類似的發現，除了「盲目約會」是當時最流行的方法之外，大約百分之三十五（35%）的女生及百分之二十八（28%）的男生都使用過這種方法（Bell, 1975）。但是，許多人盲目約會的經驗並不好。有一項研究指出，約會失敗的例子中，盲目約會佔男生的百分之五十，女生的百分之二十五（25%）（Albrech, 1972）。爲什麼會發生這種慘劇的原因，可能是長得好看又有自信的人，比較容易建立人際關係，留給害羞、膽怯、及沒有吸引力的人，就只有盲目約會這個機會。

目前，在許多大學校園，學生通常置身於兩性均等的環境中，因此比較有機會配成雙。這種比較輕鬆的方式，造成比較少因身分開始的約會，但是更多成功的約會，在這種情形下，人們開始配對前會更謹慎地審視對方背景和相容性。

非大學生的約會

大學畢業生不若大學生，有穩定的「顧客」來源可以從中選擇，他們必須更努力。朋友和親人是上班族的約會對象，需要採取更多的主動。《如何找到對象結婚》（*How to Get Married*）一書中，強調的基本目標就是儘量在各種場合中出現（Weiss & Davis, 1983）。作者建議女性（顯然他們不寄望男人會看這本書）儘可能展開話題、經常上健身房、俱樂部、博物館、養一隻狗（因爲不需遛貓）、上舞蹈俱樂部、經常逛街，及旅行等。

商業約會

如果其他方法都失敗了，還有一個商業方式。包括酒吧、電腦紅娘、錄影帶訪談、寂寞芳心俱樂部、報紙人事欄、社交聯誼社、及單身房舍。

單身酒吧（Singles' bars）　單身酒吧是中等階級的白人大學畢業生的天堂。一般酒吧通常都擁擠不堪、聲音震耳欲聾，談話時一方邊猛點頭邊猜意思。

而這裏沒有上述干擾，只有「搜尋」和「攻勢」。例如一個男人說：「讓我告訴妳一個秘密。」女人疑惑地靠了過去，出其不意的，這個男人在她耳邊親了一下（Gordon, 1976）。交換是這天的準則。如果一個女人願意讓一個男人請她喝幾杯，她就「欠」了他，她必須花時間和他說話，或許共進晚餐，甚至上床。他們總有機會在酒吧遇見「良人」，雖然作者從無數的訪談經驗中得知機率很低。

電腦紅娘（Computer matchups）　客人必須塡妥調查興趣、約會及／或配偶的希望特質，及一些背景資料的問卷。資料輸入到電腦裏，當有合適的異性出現時（標準很少透露），電腦就會記錄下來。有的時候，申請人可以得到3或更多「相容」的人可以連絡。

錄影帶訪談（Video-interviews）　最近，電腦在某些地方已經被5分鐘錄影帶取代。在這裏，客人看著另一位客人回答公司訪談員問題的錄影帶。客人在看過一些錄影帶之後，選擇他們感興趣的，而且如果彼此願意就可交換電話號碼。

婚姻介紹所（Matrimonial bureaus）　這適合結婚，而不是「毫無意義」的約會。雖然相容性是適宜而且必要的，但是婚姻介紹所的人假設客人只是對結婚這種身分有興趣，客人也不會因爲他們彼此的心靈是否契合，或是對方是否不喜歡古典音樂而遭吊刑。

寂寞芳心俱樂部（Lonely hearts clubs） 這些是分發以人爲商品的郵購公司（Godwin, 1973）。貨品是名單和照片。很有可能發生誤差，也許照片是以前的，提供的客人名單也有可能因時間而有些微瑕疵。

廣告（Advertisements） 現在許多人寧願自己「購物」。他們可能在單身雜誌或是期刊上頌揚自己的優點，省略缺點，然後等待回音。

社交聯誼社（Social clubs） 這些是半永久的團體，社交（跳舞）是主要的活動。它們爲會員定期舉辦活動，但是在活動中他們必須自己採取主動。

單身房舍（Singles' complexes） 一些房屋建商爲迎合單身人士，紛紛推出合於單身人士需求的房舍。這些房舍的特點是設有遊戲房、網球場、游泳池、及其他運動設施。租金頗高，但是在這裏男人比女人多。因此，在這種環境下的邂逅，是比較自然的，但是許多人對於和鄰居有瓜葛一事很謹慎，因爲日後如果戀情結束，再在游泳池畔相遇是很尷尬的。

評估商業

資料顯示：男性有支配性多的情形。男人尋找比較年輕漂亮的伴侶，而他們可以提供比較高的身分地位和經濟安全感，但不是吸引力。女性通常都會說明她們想要的伴侶的個性，不像男人只專注在自己身上（Harison & Saeed,

1977；Bolig, Stein, & McKenry, 1984；Green, Buchanan, & Heuer, 1984；Lynn & Shurgot, 1984）。女性除了比較喜歡高的男人之外，對外表也不像男人那麼要求。

電腦紅娘的一個缺點就是想要尋找最佳伴侶的客人，通常會對自己的資料作有利於自己的更改。曾經有一個人告訴我說：「如果我說自己長相平凡，那麼他們可能會替我找到一個醜八怪做我的新郎。」另外，配對是根據嗜好、種族、宗教，及前文提到過的特徵，卻沒有辦法包括人際吸引力。因此，有一位男士寫道，「你的電腦是對的。梅提茲（Mitzi）和我喜歡的東西都一樣…一樣的食物，…戲劇、騎單車、…狗…，只有一件例外，就是彼此」（Godwin, 1973: 87）。

商業團體都喜歡吹噓他們在配對方面的成就，但事實上，大部分的客人都不能抱太大的希望。

原因在於年齡。一般登廣告推銷自己的男性，都要求女方比自己年輕七歲，但是女性要的卻是比自己大三歲的男性（Cameron, Oskamp, & Sparks, 1977）。登廣告女性的平均年齡比登廣告男性的平均年齡要大九歲（Jedlicka, 1978）。男女都很少在二十多歲就在雜誌登廣告。從30歲開始，比預期中還要多的男性就開始登廣告。他們和比較年輕的男人競爭同樣是20多歲的女性青睞。當男人到50歲以後，他們會發現要找女人比較容易了。因爲女人愈老，她們能找到配偶的機率下降得比男性快多了。中年男人要比較年輕的女人而不是老伴。此外，由於男人的生理機能比女人衰弱，當他們逐漸凋零時，留下很多45歲的女人，而這群女人就在爭奪這愈來愈少的男人，但是這些男人找的是45歲以下的女人。

性別差異

焦慮

男人和女人對約會的期望和感覺，表現出許多不同點。一項對亞歷桑那（Arizona）大學幾千名學生所做的調查顯示，百分之三十七（37%）的男生，但只有百分之二十五（25%）的女生，會對約會感到焦慮（Machlowitz, 1981）。爲什麼男人會比較焦慮是不難想像的。傳統上，男人有向女孩要求約會的責任。由於這項「特權」，他們就比較可能被拒絕。有自信的人，可能會把拒絕視爲對方的損失，但是大部分的年輕人都不夠自信，並且把拒絕視爲是他們不夠好的象徵。

開始約會

一位研究人員給大學男生及女生異性的名字，要求他們和對方約會，特別說明僅能由二人中的一人，在一星期之內打電話要求見面（Machlowitz, 1981）。當時，超過百分之九十（90%）是由男方打給女方。但時代變了。另一項研究報導百分之八十七（87%）的男生，曾經被女生要求約會，其中的百分之八十六（86%）都會答應。

女性主義者比非女性主義者，更容易要求和異性約會，並自己付帳（Korman, 1983）。大部分的女性主義者及非女性主義者，都相信男人結了帳以後，都希望女性能參與更多的性行爲。

大部分的女人都認爲男人比較喜歡開口邀女人出去，但是在106位受訪男士中，有53位希望女人開口，52位希望女人暗示，只有1位希望女人被動地等待，直到男人開口（Mueh-len hard & McFall, 1981）。接受女人開口要求約會的主因，是男人對這個女人的感覺。他愈喜歡她，他就愈有可能接受。因此，很明顯地，如果一個女人開口向一個男人要求約會，或向他表明自己的情感，不僅沒有傷害，甚至還有助益。

性

在所有做過的調查，幾乎都可以發現一個相同的決議，那就是至少在開始時，男人比女人對性要有興趣的多，這就有問題了（Klaus, Hersen, & Bellack, 1977；Knox & Wilson, 1983；McCabe & Collins, 1984）。男人不只是經常將約會和性相提並論（Whitehurst & Frisch, 1974），他們相信女人希望他們對她們獻慇懃，而且如果他們不這麼做的話，女人就不會認爲他們富有男子漢氣概（Balswick & Anderson, 1969）。因此，男人表現出積極的氣勢，而女人則決定邁向這個目標的進度（Peplau, Rubin & Hill,

1977）。

第一次約會，男女雙方都不會顯現出企盼發生性行爲的樣子。之後，調查對象年齡在17-19歲的青少年當中，在經過幾次約會或是兩人感情漸趨穩定時，男生就會比女生表現出想要性行爲。到了年齡20-24歲的階層，女人就接受男人對性的態度。簡言之，男人的態度除了在第一次約會時比較不同之外，並不隨著年齡而有明顯的改變。女人對性的期望，則在年齡漸增之後，漸漸變得和男人一樣（Collins, Kennedy, & Francis, 1976）。

表達個人的感情

大部分的研究顯示，在兩性關係中，女人比較容易在男人表達感情前，就先表達自己的情感（Klaus, Hersen, & Bellack, 1977）。在兩性關係中，這種傾向很早就開始發展（大約是在發情期），男人則在20多歲時，顯現開始追趕的傾向（McCabe & Collins, 1979, 1983）。但是並不是所有人都同意這種看法，因爲馬凱伯（McCabe）和科林斯（Collins）發現17至24歲的人，不論是男性或女性，對於情愛的行爲並沒有什麼不同。他們的結論和別的研究學者結論不同的原因，是不是和取樣國家的不同或是使用比例不同有關，是不得而知的。

總而言之，在約會行爲當中，性別差異是存在的。雖然絕對的支配權在約會行爲中是很薄弱的，但是男人仍保有較多的主導權。男人在表達個人的情感方面仍然落後。但是，一旦配對成功，兩性之間的差異就慢慢減少。男人在一開始的時候，對性比較有興趣，並不是因為對男女關係中的感情面缺乏興趣，而是希望能為感情之外，再加上一點東西。時候到了，穩定交往的男女雙方會對男女關係中，感情和性的部分逐漸達到平衡。

吸引力

吸引力和約會通常都是聯想在一起的。如果有了吸引力，約會通常就是結果。可是，有的時候安排的約會對象並沒有什麼吸引力，就像盲目約會裏的對象一樣。但是，現在我們要討論的約會可以導致彼此吸引。不論是那一種，吸引力被認為是邁向婚姻之前的一項要素，至少在美國一般人是在彼此吸引之後，墜入愛河，再步向婚姻殿堂。本文我們將討論一些可以吸引別人的個人特質，如個人特徵、情緒狀態，及用來吸引別人的策略。我們以外表的吸引力發生於任何接觸之前做結語。

可以導致彼此吸引的人文特質

文化上可以接受的配偶特質，已經由研究學者的調查表做判定。最有用的一份表是賀特（Hoyt）及哈德森（Hudson）（1981）利用早期研究人員及他們自己的成果，找出1939至1977年間個人特質重要性的排名，如表4.2所示。本表

表4.2　選擇配偶時18個個人特性的排名
依據年份、性別的平均值

	男性				女性			
	1939	1956	1967	1977	1939	1956	1967	1977
⑴可靠的個性	1	1	1	3	2	1	2	3
⑵情緒穩定性	2	2	3	1	1	2	1	2
⑶討人喜歡的性情	3	4	4	4	4	5	4	4
⑷互相吸引	4	3	2	2	5	6	3	1
⑸健康情形良好	5	6	9	5	6	9	10	8
⑹對家庭—子女的欲望	6	5	5	11	7	3	5	10
⑺優雅	7	8	7	10	8	7	8	12
⑻廚藝—管家技術高超	8	7	6	13	16	16	16	16
⑼勤勉向上	9	9	8	8	3	4	6	6
⑽貞潔	10	13	15	17	10	15	15	18
⑾教育程度	11	11	10	7	9	14	7	5
⑿社交能力	12	12	12	6	11	11	13	7
⒀類似的宗教背景	13	10	14	14	14	10	11	13
⒁長相好看	14	15	11	9	17	18	17	15
⒂類似的教育背景	15	14	13	12	12	8	9	9
⒃合宜的社會地位	16	16	16	15	15	13	14	14
⒄優良的經濟遠景	17	17	18	16	13	12	12	11
⒅類似的政治背景	18	18	17	18	18	17	18	17

SOURCE：Hoyt and Hudson (1981: 95). Reprinted by permission from the Society for Personality Research.

說明了「可靠的個性」和「情緒的穩定性」，自1939年以來就一直是很重要的。「彼此吸引」和「社交能力」及「教育程度」，還有男人配偶的長相「好看」，經過時間的流逝，變得愈來愈重要。「貞潔」對於兩性，還有「廚藝—管家技術高超」，對於男的重要也愈來愈低。

其他研究顯示，大學女生愈來愈受到贊成公平分擔家務，及女人可以有自己的事業的男性的吸引（Holahan, 1984；Martin & Martin, 1984）。因此，現在的調查顯示，現代人不論男女最喜歡的特質是平等主義、穩定，及彼此投入。

外表的吸引力特質

外表的吸引力。有無數的研究報告指出，大部分人在約會時所感受到的第一件事，就是另一個人的外表。男人比女人對這點更敏感。富有吸引力的人比較不具吸引力的人看起來性感、熱情、敏感、仁慈、謙虛、及有能力（Dion, Berscheid, & Walster, 1972）。

肢體語言

像「我有，我有空，我要你」這類的訊息可以肢體語言傳達：

> 對於男人，他的肢體語言可能是…傲慢的態度、臀部翹起、撫摸、手勢、特別長時間的注視、仔細觀看女人的體態、開放的姿態及動向…或是在臉上表現出興奮及渴望的表情。對於女人，她的身體語言可能是…坐著但是雙腿象徵性的張開、交叉

雙腿以露出她的大腿、挑逗的眼神、撫摸大腿、挺起的胸部、使用撩人的香水、臉上做出「噘嘴」的表情、將手掌心伸向男人、使用「隱含邀約意味」的語調。〔Knapp, 1972: 17〕

眼神

眼神在約會是代表二種重要的意義。我們專注地注視吸引我們的人。男人的瞳孔在看到美女的照片時會放大，看到男人或嬰兒的照片則不會。女人的瞳孔則是在看到男人和嬰兒的照片會放大，看到其他女人時則不會（Hess, 1965）。

中古時期的女人認爲眼睛的瞳孔放大比較有吸引力，因此使用藥物顚茄（義大利文爲「美麗的女人」），使瞳孔放大（Cook & McHenry, 1978）。她們是對的。有一項研究是要男人爲二幅一模一樣的女人畫像評分，一幅是經過修飾而使得瞳孔大些；另一幅則是完全不加修飾。結果男人都比較喜歡那幅經過修飾的畫像，雖然他們說不出個所以然（Hess, 1965）。

眼神的接觸，在男女關係的早期，也代表一種興趣（Brust, 1975）。兩人的關係愈深，彼此注視的時間就愈長（Rubin, 1970；Walsh, Meister, & Kleinke, 1977）。但是，害羞及焦慮的人可能不會和別人有眼神的接觸，因爲吸引力和焦慮混淆不清了。

身體的距離

1844年加頓爵士（Sir Francis Galton）在一次晚宴上

觀察，發現一個人愈喜歡另外一個人，他就愈會朝這個人前進（Wilson & Nias, 1976）。這項觀察已經獲新式「約會」的證實，在這裏吸引力的程度和人與人之間的所站距離有關（Byme, Erwin, & Lamberth, 1970）。

露面

在一段時間內，重覆看一個人會增加熟悉度，而熟悉力可培養吸引力（Zajonc, 1968）。因此，單單露面就可以讓人喜歡。這個發現已經被證實過無數次（Harrison, 1969；Harrison & Zajonc, 1970，還有其他許多人）。

記憶力

如果要一個人想一想他有名字的老朋友（例如，約翰），所記起的順序，幾乎和是否喜歡這個人的順序是一樣的（Cromwell, 1956）。對約會男女所做的一項實驗，就是要每一個人翻開寫有一個字的一疊卡片，並大聲地念出來翻開的字。當測驗他們的記憶力時，每一個人記得最牢的都是他們曾經大聲念過的字，再來就是他們伴侶念過的字。記憶力最佳的一對，是會觸碰對方的一對，同時也是最喜歡彼此的一對（Brenner, 1971）。因此，別人記得我們的程度，也許是我們的配偶喜歡我們的程度的指標。

服裝

我們藉由我們穿的服裝，可清楚地傳達出我們的訊息；而且裝扮合宜比穿得隨便，讓人更有說服力。穿著得體的人，比較可能誘使別人闖紅燈（Lefkowitz et al., 1955），或是違規穿越馬路（Bull, 1974），而且比穿著隨便的人，能獲得較高的評價（Hamid, 1969）。即使和同學相知頗深的人，突然改變他們的穿著格調，同學還是會認爲他們可能個性變了（Bull, 1974）。裝扮時髦的女人，被認爲有不同的約會模式及道德觀（Gibbins, 1969）。

總而言之，我們不需說一個字，就能有意、無意地傳達出許多訊息。下文，我們將討論一個人爲了吸引他人的注意，故意使用的策略。

吸引他人的策略

開始接觸

假設一年輕男人在公園看到一個很有吸引力的女人。他怎樣開始這段關係？他必須先儘可能地確定她是否單身。假如她戴了婚戒，她可能就不是單身。假設她是單身，他必須起個頭引起她的注意，如一句讚美，或是有關天氣的說詞。但這是不夠的，要再深入一點，找一個讓女孩感興趣的話題。他也必須清楚地表明自己的優點，讓她想多瞭解一點。如果時間有限，一定要敲定第二次見面的時間（Davis, 1973）。

我已經提出一些可能的方法。但是一些特別的策略，如奉承或表現出很難追求的樣子適用嗎？

要奉承到怎樣的程度才能交到朋友

答案視那些被奉承的人有多瞭解和確定自己的優、缺點。來自陌生人的讚美，通常會使我們喜歡他們，即使我們知道他們只是客氣（「即使我們不配，他們還是很善良地說出讚美」）。但是，當我們渴望成爲一個我們不能確定我們是不是的時候，這個時候的奉承最有效。譬如說，告訴美國小姐她很漂亮是毫無助益的，因爲她知道。但是，如果她正努力想成爲一位小提琴家，而我們以很堅定的口吻告訴她，她拉出的音樂就像音樂會上的音樂家時，我們可能就交到一個朋友（Berscheid & Walster, 1978）。

表現很難追求的樣子

和大部分所想的剛好相反，表現出很難追求的女人，並不會因此而讓一般男人覺得比較有吸引力，因爲有太多困難作梗。但是，如果一個女人很難讓其他男人追到，是代表或暗示她願意接受正被談論的男人的感情，則會讓他覺得她很有吸引力（Walster, Walster, Piliavn, & Schmidt, 1973）。

有助於吸引他人的情緒狀態

有任何的情緒可以有助於吸引別人嗎？有的，其中一種是相當常見的：

拒絕之後的吸引力

有一些實驗，利用他們宣稱的個性或智商測驗的虛假報告，來提升或減少一個人的自信心。結果經常是自信心低的女人，比較容易接受男人的感情（Walster, 1965）。自信心低的男人，比較容易想要和不具吸引力、而不是具吸引力的女人建立關係（Kiesler & Baral, 1970）。而且，自信心低的男人比有自信的男人，敵視拒絕他們的女人（Jacobs, Berscheid & Walster, 1971）。總而言之，在破碎的戀愛中被拒的男人，爲了重拾自信，可能比較容易降低對別人特質的標準和門檻。

摘要及結論

雖然現在男女之間的關係比以前自然、平等，但是約會對許多人而言，似乎仍是令人食不下嚥的經驗。讓我們留意一下以前家庭提供的親密網絡，及在變動很快的社會裏很多人忘記的社區，這種矛盾自可迎刃而解。女人和男人更平等了，因此，也就比以前挑剔，而且在富足的社會裏，人們也不再只求溫飽。大部分的人把親密的情感和家庭列爲最優先。由於這麼多切身的問題，每一個人若沒有仔細評估未來的配偶，就有可能走上離婚之路。

紅娘服務蓬勃發展，但是還是沒有解決大部分人的需要。這些服務沒有什麼效用又昂貴，在一個成就導向的社會，需要別人幫助才能找到對象一件恥辱。

約會行爲遠遠落在兩性之間，社會和經濟的改變之後，男人仍然主控大部分的約會，但是女人漸漸開始主動求愛，或是更積極地給予暗示。女人可能不明白，大部分的男人非常歡迎女人扮演更積極主動的角色。

男人仍然比女人早想到性，但是女人還是和以前一樣，一段時間之後才想到性，儘管在男女關係發展路上走的愈深之後，大部分的人就會走向性行爲。男人比較早開始對性有興趣，並不代表他們對男女關係中的感情層面就沒有興趣。女人比男人早表達親密的感覺，但是男人在這方面會隨著時間而加強。

對於吸引力仍有許多無法用言語表達的暗示：肢體的移動及姿態、眼神、兩人之間的距離、露面頻率、記憶力、及服裝。

剛開始的接觸需要思考和計畫，及知道自己和別人的情緒狀態。

有了初步的接觸，並開始交往之後，如何發展和維持？爲什麼有些人感情穩固，有些人感情破裂？這些就是接下來我們要討論的問題。

第五章
交往：發展、維持、或分手

開始的相互吸引是一回事，維持關係則是另一回事。有助於關係的發展、維持、及造成分手的因素是本章的主題。首先，我們將比較兩個理論模式（投資及公平）（investment and equity），這兩個理論模式試圖解釋建立關係是令人滿意，及值得維持之因素。理論對於整理了包括不同發現之許多研究，並將其整合成較少、較完整之原則，特別有效。

投資及公平模式

投資模式（Investment Model） 投資模式認爲個人會試圖從關係中獲得最多利潤；利潤（profits）是指將從關係中獲得之報酬減掉付出之成本，所剩餘的即是利潤。報酬（Rewards）是指好處、快樂、及從關係中或透過關係所獲得之滿足。成本（Costs）可能是情緒上、金錢上、身體上、或其他因素阻礙或破壞較偏好之行爲。舉例來說，一個追求住很遠女子的男性，可能必須放棄收看週日下午電視轉播足球賽。

滿足（Satisfaction）可說是等於獲利度（Profitability）減去一個關係之比較標準（comparison level）或期望（expectation）。比較標準（comparison level）是指個人運用的比較標準，藉此來判斷他們之經驗是滿足或令人失望。比方說，如果個人預期在關係中被奉爲上帝，則即使是在關係上有很高的獲利，可能也不會帶來多少的滿足。相反地，如果他們不預期什麼，他們也許永遠不會失望，會容易滿足。

隨著關係的發展，個人可能必須對維持關係做承諾。承諾會受滿意度的影響很大，也會受投資之其他選擇和程度的影響，就如下列等式所示（Rusbult, 1983）(1)。

承諾＝滿意度＋投資－其他選擇

Commitment＝Satisfaction＋Investments－Alternatives

投資可能是本身內在的（intrinsic），指個人投入關係之努力，如時間、自我要求、傾聽伴侶、付帳單、開車去拜訪。外在（extrinsic）投資是指與伴侶共同去做某些事，如發展共同的友人、讓家人知道兩人之間的關係、租一個大一點足夠給兩個人使用的公寓。

其他選擇（alternatives）是指與特定伴侶之外，獲得滿足之其他可能性。其他選擇可能是另一個可能的伴侶，保持「單身」，或與朋友及親人消磨時間。

公平（Equity）　公平，很不幸的，與愛一樣都是個模糊的字眼。計算方式之一是將個人的報酬除以其成本。因此：

$$\frac{\text{報酬A (Rewards A)}}{\text{成本A (Costs A)}} - \frac{\text{報酬B (Rewards B)}}{\text{成本A (Costs A)}} = 0$$

上述情況是指一個公平狀況。

A的報酬高低與否並不重要，只要A的成本與報酬成比例。個人若認為關係不公平（雖然成本一樣，但報酬比伴侶之報酬高），則他們會覺得不舒服；若他們的關係與缺點不平衡，也同樣地會覺得不公平。

上述兩種模式的基本差異，在於投資理論比公平理論考慮較多變數，而且視滿足為一單獨事件，而不受伴侶報酬及成本比率之影響。

當然，某些個人若看到他的伴侶獲得的報酬大幅超過成本，他們會感到不快樂，但是，若太過於擔憂這種不公平性，以及他人獲得太多，可能是個人適應不良及婚姻不和諧的象徵。Murstein及同事設計一個交換取向量表（Exchange-Orientation Scale），藉以測量個人對不公平的態度，及個人對伴侶和其他人不公平的態度。結果發現，高交換取向的分數與承諾、個人適應、及伴侶間婚姻滿意度有負相關，但與友誼則沒有這種關係（Murstein, MacDonald, & Cerreto, 1977；Milardo & Murstein, 1979；Murstein &

MacDonald, 1983）。

最近有關投資及公平模式的比較顯示，投資模式比較佔優勢（Lujansky & Mikula, 1983；Michaels, Edwards, & Acock, 1984）。個人對從關係中能獲得什麼比較感興趣，而非他們與伴侶感覺之比較。個人對關係滿意度的最佳指標在Michaels及其他人的共同研究中顯示，是個人所收到之結果（報酬）。事實上，另一個研究結果顯示，成本對承諾的影響大大不如報酬（Rusbult, 1983）。

公平性可以用另一種方式評估，就是藉市場決定之特質來評估，而非個人付出多少來評估。這種方式比較客觀，但似乎很有效。舉例來說，Murstein用標準的計分方式比較交往一段時間的情侶的心理資產，發現個人與有相等資產的人配對，這種可能性較高（Murstein, 1976c）。

至於，才剛開始交往沒多久的情侶，比較有關之變因是外表。Murstein（1972c）發現，在這方面沒有不一致的情侶，與伴侶之滿意度及關係進展之滿意度有關，而該結果也為他人研究所證實（White, 1980）。

然而，由於男性的社會地位高於女性，可預期的是男性比女性認為伴侶是否有吸引力比較重要，他們必須先滿足這個想法才會對伴侶做承諾。根據這個期望，Murstein（1976c）發現男性若認為伴侶比自己有吸引力，他們對伴侶會比較滿意。上述結果在另一個研究中（Critelli & Waid, 1980）也有類似發現。因此，如果個人缺乏地位，他們可以藉美貌，或至少與伴侶比較他們較有吸引力，來加以補償。

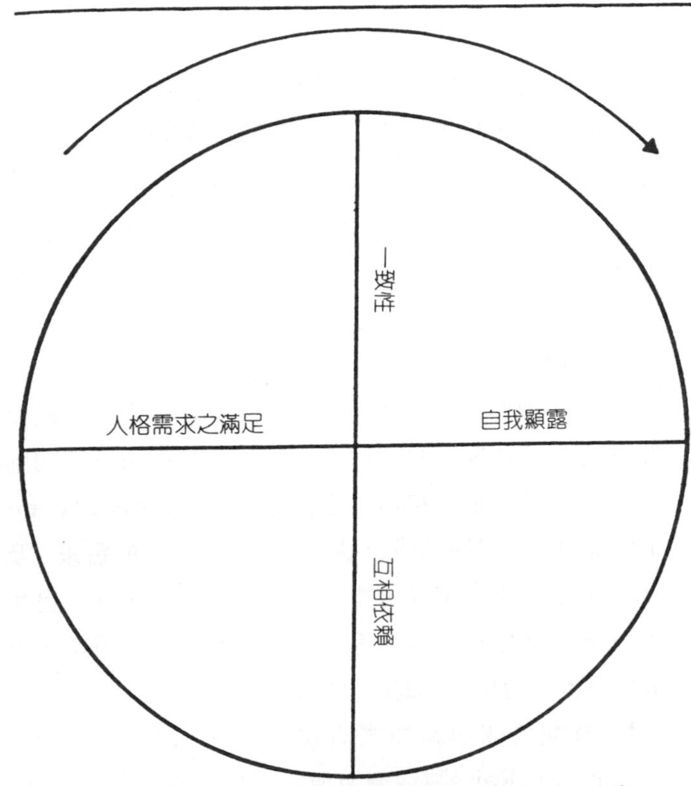

SOURCE：Reiss (1960: 143). Reprinted by permission from the National Council on Family Relations.

圖5.1　愛的發展——車輪理論

親密的過程

其中最先開始研究關係發展過程的人是Ira Reiss (1960)。他假設一個「車輪理論 (Wheel Theory)」，見圖5.1，其開始的過程是個人發展一致性，通常反應出他們社會及文化背景之相似程度。如果一致性發展，它會導致關係的建立，進而進入第二階段的自我顯露 (self-revelation)。現在，個人顯露關於自己的眞實面及感覺，而如果彼此接受，則進入第三階段，互相依賴 (mutual dependency)，在這個階段，他們在很多報酬活動中，如性伴侶、傾聽每日瑣事的對象、及休閒活動的同伴，彼此依賴對方。第四階段，也是最後階段，是人格需求之滿足感 (personality need fulfillment)。這個階段包括愛的需求、信任的需求、及刺激個人野心之需求。車輪可能進入下一個循環，進入更多的一致性，及更多自我坦露等等。也有可能會出現爭議，導致較少的一致性，因而削弱其他階段。

有關這個理論並未直接加以測試證驗 (見Murstein, 1976c)，但Reiss將注意力放在導致親密的互動上。仔細推敲後發現了更多的問題。如果個人自我坦白，他們的伴侶會接受他們的坦白？或嚇一跳？或者會被太快太直接的坦白嚇跑？沒有關於坦白速度的直接證據，但成功的發展關係中，相互的模式存在，所以親密交心的程度應是相當的 (Worthy, Gary, & Kahn, 1969)，同時也與愛的程度有關（Rubin et al., 1980）。

由於情侶雙方應有類似的信任程度，彼此坦誠可以導致對愛侶自我感覺的準確預測。如果自我坦白被接受，則坦白者的自我觀念會被伴侶對其之感覺所確認。此外，成功的關係中，對伴侶的感覺應與理想伴侶之形象相似。這些假設都有實證支持（Murstein, 1972b）。

根據人格正常與否做選擇

個人對自己的看法，包括自尊的程度及神經質，都影響其對他人之吸引力。與精神病患有關係的人付出的成本比較高。他們通常會在二人關係中做無理要求，小題大做，而且要求持續的注意及保證。就人際關係而言，他們令人感到很沈重（heavy）。

對於自我接受程度低的人，上述情況也會發生，只是沒那麼嚴重。自我接受程度低，是指自我觀念及理想自我觀念間存在極大差異。自我接受程度低與精神病有關，但兩者之間並不相同。

與自我接受程度高的人在一起，好處多多。也許有人相信其伴侶的一些自信會被他們磨掉？爲什麼我們不全嫁給自我接受程度高，沒有精神不正常的人？爲什麼精神病患有時會被另一個精神病患吸引？對他們而言，難道成本不大嗎？當然，成本很高，但是精神病患通常把自己看得很低，而且因爲怕被拒絕，他們對於追求心理正常的人會覺得猶豫。或者，也許他們嘗試過，但被拒絕。因此，最後和他們在一起的人，不是他們選擇的對象。只有擁有多種資產及少許負債的人有選擇權。其他的人則是選擇與妥協都有。

在婚姻選擇及人格特質的研究中發現，與異性交往穩定的女性，與交往不穩定的女性相比，前者自尊較高（Long, 1983）。早期，Kipnis（1961）在一個有關友誼的研究中發現，當女性發現自己最好朋友的人格特質比自己好時，她的自尊在往後幾個禮拜會提高。然而，如果覺得朋友比自己糟糕，則她的自尊可能會下降。如果我們考慮「穩定交往的男友」會因爲偏見而覺得他很棒，則這可能是交往造成較高自尊的原因。

Murstein證實大學情侶間自我接受及神經質方面有顯著的一致性（1967b, 1973a）。對交往6個月以上的情侶，一致性仍很顯著，但相關程度則薄弱。自我接受程度高的人與自我接受程度低的人相比，前者會用較熱情的字眼形容其伴侶，證實有關「高資產個人選擇伴侶，而非屈就伴侶」之假設。

權力與性別差異

雖然要求男女平等，但是一般來說，不結婚的女性要比男性付出較高代價——原因很多。不結婚的女人，地位要比不結婚的男人低：她的經濟價值會有較差的傾向，因此，在市場上獲得的報酬較低。而更糟的是，適婚年齡上的男女差異，女性的適婚年齡較短，而平均壽命卻較長，造成婚姻市場上兩性的供需失調。

中年或以上的年齡層中，未婚女性會比未婚男性多。供需狀況加上男性較高的社會地位，使得男性在交往及婚姻方面都扮演著較有權力的角色。

少部分女性在關係中比男性有權力。事實上，這種不尋常的狀況可能與權力行使的方式有關。一個弄權的男性，通常對自己的控制慾毫不掩飾；事實上，他很可能還引以為傲。而有控制慾的女性，則多是「垂簾聽政」，很少去開展現其控制慾，通常是使男性讓出領導權，而非其個人想要權力（Blood & Wolfe, 1960）。女性認爲男女平等或男性主導的關係最讓她們滿意（Peplau & Gordon, 1985）。

如我在第二章中提過的，男性擁有較多的權力，可以在交往的決策過程中加以證實。如果考慮有關婚姻選擇與權力之關聯的問題，似乎可以合理地推論，如果男性在婚姻選擇的權力大於女性，則男性由女方獲得的自我及理想自我觀念之確認，與女性由男方獲得的自我及理想自我觀念之確認，前者對交往進展有較大影響。男方增強女方自我及理想自我的傾向會讓女方更愛他，但是影響程度不會像前面的情況那麼大，因爲通常是男方求婚。此外，由於第一步行動通常取決於男性，而且因爲女性在婚姻中的獲利會比男性多，女性會比男性注意對方之需要及自我形象。而這樣結果是，交往進展順利的女性與交往進展不順利的女性相比，前者比較能正確預測其男友的自我及理想自我形象。另一方面，女性自我及理想自我形象比較不重要，也可由下列事實得到證實，即不論交往進展如何，男性對預測伴侶自我及理想自我觀念之能力，沒有多大差異。這些說法在早期的研究中（Murstein, 1967a, 1967b, 1971a, 1972b, 1973a）都獲得證實，除了預測理想自我觀念的準確性之外，關於這點沒有顯著性別差異。

最近有關權力差異的研究，證實Murstein的發現。越來越多年輕人認爲約會時，男性比女性握有較多權力（Peplau & Gordon, 1985）。然而，如果女性計畫追求更高的學歷，則只有30%認爲男方有較多權力；而教育程度不到大學程度者則有87%認爲男方有較多權力。在交往過程中，女性的戰略是比較不直接或非言語方面的（沈默、退縮、擺臉色），而男性則是直接及自然的權力模式。採取間接策略的人，通常是較沒有權力的一方（Falbo & Peplau, 1980）。

其他性別差異

在一些研究中，提過有關交往的性別差異至少有三種（Peplau & Gordon, 1985）。他們分別是：

1. 女性在家庭的角色，男性逐漸接受女性有權擁有自己的事業。雖然有這種思想的保守派的男性數目遠不如女性渴望有自己事業的人數。然而，雖然男性對於女性有自己的事業不表反對，不過對於女性要求家務的分擔則有所保留（Roper & Labeff, 1977）。大多數的男性希望自己的妻子或伴侶在事業之外，還要煮飯及做大部分家事。

2. 男性比女性注意伴侶的外表及性吸引力，而女性比男性注意伴侶的聰明才智及事業成就。這是進化論（Symons, 1979）或社會化的結果，仍是個爭議。不過，即使過去二十年的快速變遷也沒有改變這個差異。
3. 女性比男性注意感覺。她們比伴侶容易問問題、表達感覺以及尋求情緒上的支持。男性比較會給予建議及提供資訊。這些發現之所以值得注意，是因爲他們發現在早期Parsons及Bales（1955）的社會學研究裏，並沒有發生多少改變，即女性的功能是表達，男性的功能是幫助。而這一切之所以沒有改變，是因爲性別差異、社會化、或權力差異、或者三者皆是？我們還無法得知。

交往的類型

有關不同交往類型的研究並不多，有一個研究小組企圖解答這個問題（Huston et al., 1981）。他們的結論有四種交往類型：包括加速—煞車型（accelerated-arrested）、加速型（accelerated）、中間型（intermediate）、及長跑型（prolonged）。加速—煞車型其交往進展一開始很快，但在要做結婚承諾時卻慢下來。加速型雖然也很快，但進展速度仍不如加速—煞車型。不過，對於進展到結婚的過程，他們十分順利。中間型速度比前面兩種類型慢，而且在做結婚承諾之前會有些波折。至於長跑型則是速度最慢，而且在結婚之前飽嚐經歷許多波折。

作者決定類型的方法是向新婚夫妻詢問，請他們回憶交往過程的細節及經歷的事件。不過，這種方式非常令人懷疑。有二位作者根據該研究寫下以下這一段話：

> 用回憶方式搜集有關每天決策的資料，其最大的缺點乃是在於已經知道關係的最後結果，無可避免地會因爲這一點影響受試者。由於是以被選擇過的歷史爲基礎資料，心理學家可能會被誤導，而錯誤評估某些因素的重要性，比方說，有些因素可能被伴侶忘掉、或不爲伴侶所知，但在當時卻對二人的關係有很大的影響。〔Duck & Miell, 1983: 236〕

一個有關爲了滿足需要而扭曲回憶的研究中，請學生回憶他們浪漫史的次數（Kephart, 1967）。就男性而言，年紀越大或婚期越近（如已經訂婚），則浪漫史的次數越多。不過，女性的經驗完全不是這回事。她們離婚期越近，回憶的浪漫史次數越少。也許當時那些情人，如今被重新歸類爲有點令她心動的對象。

交往中衝突所扮演的角色

理想的交往過程可能被認爲是充滿愛，而沒有爭執。不過，由於女性事業發展及社會地位都有所改善，婚姻應該逐漸會建立在平等之上。享受相同權力的個人，與覺得在關係中是不利一方的人（如1930年代的女性，沒有事業、教育程度、或經濟工具）二者相互比較，前者會試著去了解自己認為關係應該是怎樣。因此，關係中有權力的雙方，注定遲早在關係中會在某處或多處面臨衝突。

交往過程中的衝突會牽涉決定個人獨特性，與忽略伴侶獨特性對關係的傷害，何者為重？必須注意的是，衝突可能是好的或壞的。好的衝突會導致個人在相當寬容、同理的氣氛中，表達個人的想法及需要。即使不被贊同，個人的心聲可以被聽到或了解。討論將導致澄清及成功的談判，由於雙方都得到某些自己想要的東西，而形成雙贏局面。

壞的衝突牽涉刻薄及不切實際的要求，沒有傾聽及理解的能力，甚至還有憤怒與敵意。事實上，許多婚姻諮商專家都知道，成功的婚姻會以直接的方式處理問題，解決衝突而達到圓滿解答。不快樂婚姻中的個人傾向避免衝突，壓抑自己的憤怒，來維持自己因對方而不快樂的形象。有關交往過程中，衝突及愛的的研究發現，一方面相互依賴及愛，另一方面負面影響與開放衝突沒有關係（Braiker & Kelley, 1979）。

家庭和朋友社交圈

理論

作家們處理交往方面主題時，幾乎將他們所有的注意力都放在文化及個人因素，而忽略情侶相遇、相戀時的社交圈。

最早企圖彌補這個疏忽的人士之一是Philip Slater（1963）。在他有關社會退化（social regression）的研究中，他指出當個人或團體（情侶）開始專注於彼此，而將大團體（社區、社會）排除在外，會導致社會焦慮，因爲團體的規範、儀式、及傳統，必須靠後代子孫加以延續。因此，包括婚姻等制度被加上象徵式的活動及儀式，藉以提醒情侶其與團體之關聯。Ryder及其同事（Ryder, Kafka, & Olson, 1971）曾研究朋友及親戚的曖昧角色，其中親戚是社會的代表，他們一開始會鼓勵年輕人試著交往看看，而其中大多會因此而結婚。但是，隨著關係逐漸認眞，則開始出現曖昧狀況，由於情侶間正形成一個同盟，這會被親友視爲不利的，因爲他們被排擠了。因此，到這個時候，親友開始反對這個關係，不管是公開的或私底下，如挑剔對方，或者當尋求溫暖支持時只給予冷漠回應。最後，在成功關係中，當婚姻似乎不可避免，他們了解這場「戰役」已經輸了，而希望藉將情侶納入家庭親友社交圈，來減少個人損失。

有關社交圈影響力之研究

羅密歐及茱莉葉效應（The Romeo and Julia Effect）在莎士比亞名著〈羅密歐與茱莉葉〉當中，情侶間強烈的愛與來自家人強烈的反對相當，但是反對非但沒有澆熄他們雙方彼此的熱情，反而使它更加燃燒。這個故事引發一些學者研究父母親的干涉（以情侶的觀點認定）會加強情侶對彼此浪漫的愛（Driscoll, Davis, & Lipitz, 1972）。

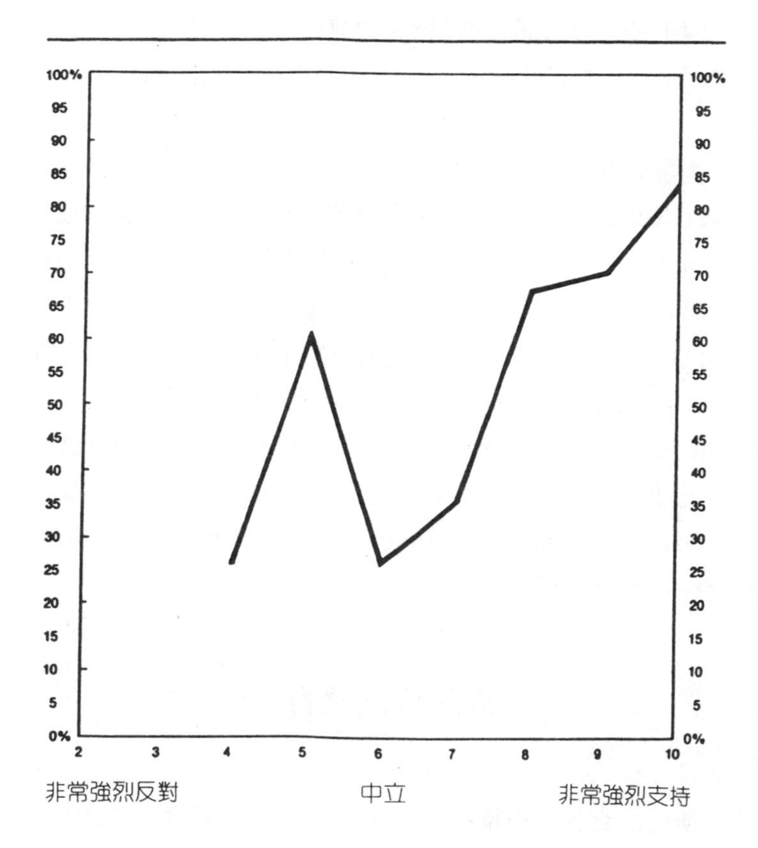

SOURCE：Adapted from Park, Stan, and Eggert (1983: 127).

圖5.2　父母親支持或反對態度對結婚可能性的影響

結果發現，在49對未婚情侶間，浪漫之愛的分數與情侶父母親干涉等級之間有稍微強烈的關係。六個月之後，進一步測試發現，對於仍未結婚的情侶，上述變數間的關係仍存在。

對羅密歐與茱莉葉效應之否定（Romeo and Juliet Effect Rebuffed），後來的研究駁斥羅密歐與茱莉葉效應，如Ryder等人（1971）所說，這只是交往過程當中的一個階段。事實上，如圖5.2所示，家人與朋友的反對，可能會加強情侶間的關係，但是最後一定要有強烈的支持，否則關係極可能瓦解（Parks, Stan, & Eggert, 1983；Johnson & Milardo, 1984）。如果親友及伴侶間的衝突不能解決，而且與伴侶間的關係變質，則與社交圈的互動會再度提高（Milardo, Johnson, & Huston, 1983）。因此，社交圈對於交往進度有影響作用。

邁向承諾之路

傳統的交往過程是從約會，在一起（頻繁但非獨佔性的接觸），穩定交往，訂婚，然後結婚。

訂婚

現在訂婚通常只是一種儀式，包括送給未婚妻訂婚戒指、新娘歡送會、新郎派對、及在報上登啓事宣告。其中最後一項是早期結婚公告的延續，結婚公告是指在婚禮前幾個禮拜，必須將這項消息公告在教堂及其他社區的重要地點。這樣一來，將婚姻與社區聯結，並且如果有人知道這樁婚姻會違背教會或法律，也可以適時地提出來。

交往過程的改變及訂婚的特質曾被Koller (1951) 探討過，他的研究是來自三代婦女的反應。從最老到最年輕一代都提過的改變，包括雙親對約會對象比較不贊同，比較不了解父母的期望，曾考慮結婚的對象數目增加，與這些人約會的次數增加，有關婚姻中角色及行爲的討論增加。訂婚期間長短之平均數，對最老的一代是11個月，第二代是8到9個月，而第三代是6個月。

對現代的情侶而言，訂婚幾乎是試婚的同義字。對訂婚的人而言，性生活是一定有的，他們花比較多時間相處，而他們也被親朋好友視爲「夫妻」。

不過，訂婚與婚姻二者也不盡相同。通常，他們並不住在一起，也不像夫妻一樣討論及分享金錢方面的事物，另外，也不會分攤家務。然而，上述這些活動，近十年來，只在興起的一種現象——同居——當中，都已經被包括在內了。

同居

定義、歷史、及例子

定義 (Definition)　同居在此的定義，是指兩個未婚的異性，彼此有浪漫的關係，而且共同分享一個住所。我之所以強調異性是因為統計資料上是這樣寫的，當然同性也可以是同居者。不過，政府資料中並沒有包括浪漫關係的資料。因此，他們有關同居的部分會比我們的定義範圍大。另一方面，有些人在人口調查中並不會說明自己有同居的情形，因此造成在數字上會低於實際情形。所以這些數字只是大略估計。

歷史（History） 同居並不是新鮮事。在中世紀時，奴隸及村夫之間同居是普遍現象。由於他們的低社會地位，社會不在乎他們，社會唯一關心的是私生子，因為這代表收入的來源（罰金）及廉價勞工（子孫會被地主或教會要求、強迫工作）。

早期的美國移民常發現自己已經準備結婚，但沒有神職人員可以主持結婚儀式。巡迴旅行的神父可能要幾個禮拜，甚至幾個月之後才會再來。因此，也發展出一般的婚姻法。

成長率

圖5.3中說明未婚同居人口急速增加的情況。圖中顯示，在1960年只有45萬對情侶同居，到了1970年有52萬3千對，1975年88萬6000對，1984年198萬3千對。至於其比例仍很低，大概只有4%情侶同居。

白人同居比例約為黑人同居數的兩倍（Spanier, 1983），大學生中大約25%同居（Macklin, 1983）。斯堪地維亞半島的國家及芬蘭同居的增加率大於美國。他們的同居

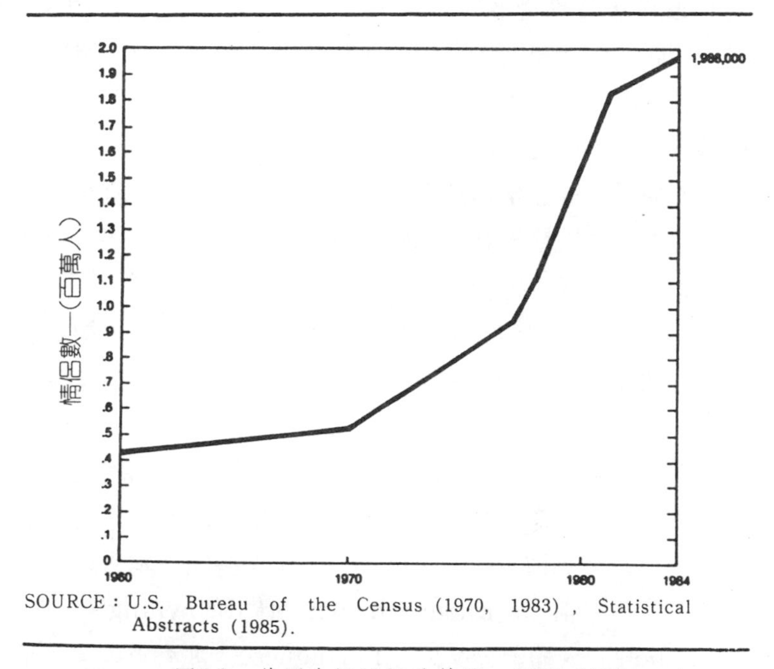

SOURCE：U.S. Bureau of the Census (1970, 1983), Statistical Abstracts (1985).

圖5.3 美國未婚同居的情況：1960-1984

率分別是4%到10%。挪威及芬蘭比較保守，丹麥及瑞典的改變比較大（Trost, 1981；Lewin, 1982）。

在丹麥及瑞典，結婚典禮不再是過程儀式，而是確認的儀式。可能其主要原因是懷孕或獲得公寓。結婚率在瑞典急速下降，曾經低到稍微多於40%，但近幾年又稍微回復。

為什麼同居這麼受歡迎

探討「為什麼同居在1960年代之後，而非之前，逐漸成為一種受歡迎的關係形式？」是一件有趣的事。以下是有一些導致這種情況的因素，如：

1. 斯堪地維亞半島國家，特別是丹麥及瑞典，證實同居並不會破壞社會或家庭制度。
2. 避孕方式的進步，讓同居能避免懷孕的麻煩。
3. 曾暫時冷卻的女權運動又再度興起，挑戰雙重標準，並使男性及女性都可以有同居的關係，而不被視為「墮落」（fallen）。
4. 大學開始有新的意識型態，不再扮演父母的功能，即管教學生道德福利的責任。女生宿舍的門已不再在晚上11點上鎖，同時，房門也不用保持開一本書以上寬度的限制〔是Elizabeth Barrett Browning's Sonnets的《葡萄牙文》（Portuguese）那麼寬呢，還是《韋氏國際大辭典》（Webster's Second International Dictionary）那麼寬？〕在學校醫務室發送避孕藥及保險套，及訪客時間24小時成為男女合校宿舍的規矩。
5. 校園外，急速成長的離婚率造成一大堆習慣與他人住在一起，但又害怕馬上再結婚的人。所以，同居成了這個迷思的快樂解答。

形成與分類

形成（Formation） 大部分同居並非有意識，或牽涉約會過程中巨大改變的決定。一般說來，關係演化成同居。慢慢發展成睡在一起，過夜，一起煮飯，將財產堆放在同一個住所。

有同居傾向的因素包括：對社會不贊同的感受性低，對婚前性行為及同居的罪惡感低，同居的機會多（Macklin, 1978）。

分類（Taxonomy） 不同作家至少列出幾種不同類型的同居（Macklin, 1978；Ridley et al., 1978；Newcomb & Bentler, 1980），雖然各種類型間並非完全互斥。

1. 依賴（Linus blanket）：情侶間其中一人完全依賴對方提供情緒支持，並且極度需要關係。
2. 從父權解放者（Emancipation）：伴侶之一，或2個人發現自己突然從父母親的限制中解脫，通常是離家去上大學。
3. 便利（Convenience）：個人在當時並沒有任何認眞的承諾，但覺得住在一起方便、舒服，通常只住在一起幾週或一季。
4. 非一夫一妻制擁護者（nonmonogamous）（Affectionate-dating-going together）：雙方彼此深愛對方，但是並不願放棄與其他人有親密關係的機會。
5. 一夫一妻制（monogamous）（Affectionate-dating-going together）：與第三者有情感上親密，

但沒有性關係（他們也許「理性地」允許與其他人約會，但若眞有約會的情況，則這些人屬於上一類型）。

6. 試驗性質（Testing）：有點像試婚，個人可能想結婚，或永遠同居，但先同居看看兩人可否生活在一起。
7. 婚姻臨時的選擇措施（Temporary alternative to marriage）：個人想結婚，但由於一些原因（等待離婚手續的完成、沒錢等等），目前沒辦法結婚。
8. 對婚姻而言是永久的選擇（Permanent alternative to marriage）：個人認爲他們已經結婚了，但不想完成法律程序。

同居者與非同居者之差異

在研究同居者與非同居者差異時，必須注意團體內之變異性會大於團體間的差異。如我們前面看過的，人們可能因爲各種原因選擇同居。此外，隨著同居變成社會可以接受的行爲，即使有差異，也可能會逐漸消失。不過，現在同居者與不同居的人之間，仍然有在著重大的差異性，同居者有下列特質：

1. 對性比較有興趣（More interested in sex）（Risman et al., 1981）。他們比較有性經驗及性生活，也比較早開始有性生活，並且擁有較多的性伴侶。
2. 比較自由派（More liberal）：他們對性角色的態度比較平等，不傳統。他們的政治態度是崇尚自由主義，允許使用藥物，也比較不是宗教人士（DeMaris,

1984）。

3. 如果是女性，同居者會比非同居者固執；若是男性，同居者比非同居者態度較女性化。然而，態度上的自由主義及非傳統性要大於實際行爲。讓人無法與自由態度聯想在一起的是，他們在家中傳統角色並未因而改變或減少（Stafford et al., 1977）。
4. 比較不願意承諾（Less committed）：研究顯示非同居者比較不願意做承諾，但有些研究則發現，同居者與非同居者之間在承諾的意願上沒有差異。有差異狀況時，男性有比較不願意做承諾的傾向。

同居的效應

大多數正在同居，或曾經同居的人，對同居都有高評價，但是人們通常不願承認自己投入相當心力在某件事是不值得的。如果我們看看同居對婚姻的影響，也許，評估的指標可能會比較客觀。同居者對婚姻比較滿意或不滿意？答案是目前研究顯示，他們傾向有較高的離婚率（Bentler & Newcomb, 1978；Watson, 1983；DeMaris & Leslie, 1984）。這一點可能讓讀者有些困惑，因爲生活在一起的二人，應該比交往時住在不同住所的人，要容易了解結婚是什麼樣子。答案的關鍵是在於哪些人同居，哪些人不同居。同居者比較不傳統，女性會比較固執，比較可能因爲關係無法滿足他們的期望而分手。事實上，有一個研究發現，離婚過的同居者比離過婚的非同居者較能調適婚姻（Newcomb &

Bentler, 1980) 。

總言之，同居者代表相互依賴的哲學與行爲的混合。他們大多並非選擇一種不同的生活方式。大部份的同居者都打算要結婚，雖然對象不一定是同居人。對大部分人而言，同居是交往過程中的一個階段，而且會因爲結婚而終止。當然，未來的情況可能不是如此，因爲同居已被整合爲社會規範的一種，如斯堪地維亞半島的情況。但是，目前傳統仍反對其被視爲婚姻的另一種模式。

分手

與愛所獲得的注意相比，有關分手的文獻實在太少。也許這個主題，對研究者及受試者而言都太傷感。我們將先討論一些理論，再討論研究，以期彌補這些空白。

理論 (Theory)

最早探討這個主題，並將過程仔細說明的作者之一是Murray Davis (1973) 。他認爲分手牽涉讓位或猝死。前者可能發生的原因在於新情人可能已經準備好，要以新鮮感、新的喚起、不同的角色互補性塡補舊情人的地位。或者，因爲工作或學校，情侶可能分開。除了有機會開始新關係，分離也削弱彼此共同的聯繫，沒有機會創造、分享新經驗，必須再三重複舊經驗。與遙遠的伴侶對話的「過去自我」，可能逐漸與「現實自我」無關。此外，時間本身就是種威脅，像身體體態方面的改變，如兩顎及胸部凹陷、啤酒肚出現。時間滿足舊的需求，但也創造新需求，而對於這點，新伴侶可能不如舊伴侶合得來。猝死這點並沒有被Davis清楚說明，但已經被後來的研究者再加以發展。

最近，Duck提出一個較詳細的五階段論：

1. 分手階段（The breakdown period）——關係仍存在，但是報酬減少，因為不安或騷動。
2. 精神階段（The intra-psychic phase）——情侶之一，或兩人思考這段關係，指責對方及這段關係。
3. 對立階段（The dyadic phase）——其中之一，或兩者都將不滿意公開化，而形成對立局面。
4. 社交階段（The social phase）：此時，伴侶開始向親朋好友諮詢有關關係變質的事，並將他們牽涉其中。
5. 穿喪服階段（The grave-dressing phase）：伴侶向其親朋好友公開關係已經結束的事實，過去已成歷史（Duck, 1984: 167）。

目前為止，尚未有資料證實上列順序，有關Davis理論也未獲證實，而以我個人看法，Duck的順序中，若將精神階段（the intrapsychic phase）調到分手階段（the breakdown period）之前，會更有道理。然而，目前為止，這些模式的價值是研究者回答一個重要，但被忽略的人際關係問題，進而引發更多研究。

研究

Burgess及Wallin的研究　在他們針對1000對訂婚情侶的研究中，Burgess及Wallin（1953）發現，其中60%與其未婚夫（妻）至少有一個「痛處（sore spot）」。最容易引發爭議的事情分別是朋友、與家人相處之方式、及金錢。

大概有一半的女性及三分之一的男性有過解除婚約的經驗。從面談中發現，解除婚約與順利結婚的差別因素，在於後者比較頻繁地表達愛慕，並比較有信心，相信他們會結婚。情侶間訂婚期及交往期都較長，也花比較多時間相處，而且雙親支持這關係。他們也比較可能屬於同一宗教，上教堂的次數較頻繁，比較常一起從事休閒活動，比較喜歡待在家裡而非出去玩，而且試著避免爭吵。

Hill, Rubin, 及Peplau的研究　在Burgess及Wallin的書出版之後約二十年，一個以231對波士頓區域的情侶爲研究對象的長時期追踪研究開始進行（Hill, Rubin, & Peplau, 1976）。這些情侶是從5000封來信中挑出。兩年之後，其中103對已經分手。與親密有關的事項，分手及仍在一起情侶間差異情況和Burgess及Wallin的報告相似。仍在一起的情侶則比較多都提到彼此的親密性，估計結婚的可能性較高，也比較多愛（以量表評估）。約會期較長，比較了解戀愛中的感覺，約會次數較頻繁。至於每天看到伴侶，有性關係，及同居情況的兩個團體間並沒有差異。

伴侶的相似性在機率上稍高，但並沒有形成分手組與仍在一起組的差異。仍持續交往的情侶與分手的情侶相比，前者在年紀、教育規劃、學術成就測驗（SAT）成績、及外表吸引力方面，有比較相似。不過，在性態度、女性解放、及宗教狂熱方面，兩組並無差異。

分手通常不是共同決定；在85%的女性及87%男性表示，通常分手是其中一方告訴另一方他／她想結束關係。毫無疑問地，有關分手的過程是漸進式或突發式，也同樣沒有一致的看法。很明顯地，有些人不願告知分手，也有人不知道發生什麼事。而提出分手的人比較不會覺得沮喪，比較不寂寞，更自由，比較快樂，唯一的代價是比伴侶有罪惡感。

想想被拒絕的重擔，對於個人將被拒絕的感覺壓抑也就不覺得驚訝。女性表示，關於分手，由自己提出的佔51.3%，伴侶提出佔35.5%，而兩人同意佔13.0%；男性表示，自己提出佔46.1%，伴侶39.5%，彼此同意才佔15.0%。

Hill等人重複許多Burgess及Wallin研究過的因素，並將這些因素分爲雙方共同因素及非雙方因素，如表5.1所示。圖表顯示，相對於雙方因素，伴侶在非雙方因素上有較大的一致性。

性別差異（Sex differences） 與男性相比，女性認爲問題——特別是人際關係的問題，是造成分手的原因（表5.1）。除了兩性想獨立的慾望之外，男性超越女性的一個因素是「住太遠」（living too far apart）。

女性對分手稍微比較有興趣，而且通常也是情侶中投入較多的一方。當女性是情侶中付出較多的一方時，跟男性是付出較多一方的情況相比，女性想分手的比例（37.2%）較

表5.1　分手的因素(報告之比例)

	女方提出	男方提出	雙方同時提出
雙方因素			
對關係感到無趣	76.7	76.7	低
興趣不同	72.8	61.1	無
背景不同	44.2	46.8	無
智商不同	19.5	10.4	無
性態度有衝突	48.1	42.9	低
對結婚的想法有衝突	43.4	28.9	低
非雙方因素			
女方想獨立	73.7	50.0	普通
男方想獨立	46.8	61.1	普通
女方有另一個喜歡的對象	40.3	31.2	普通
男方有另一個喜歡的對象	18.2	28.6	普通
住太遠	28.2	41.0	普通
女方雙親的壓力	18.2	13.0	低
男方雙親的壓力	10.4	9.1	普通

SOURCE：Based on data from Hill, Rubin, and Peplau (1976: 160). Reprinted by permission from the authors.

注意：有關這些男性及女性的資料可供查詢(n＝77)。比例是指被認為是「有助益因素」或「重要因素之一」的比例。伴侶同意這一項的資料經作者加以改變，希望讓沒有統計觀念的讀者也可以了解。其中不相關被稱為「無」，0.2到0.4的相關程度被稱為「低」，而0.4到0.6被稱為「普通」。

男性想分手的比例（20.6%）高。其中可能的原因之一，是男性之社會地位較高，他們的自我雖瀕臨危險，但他們卻比較堅持，因此，比較能在不平等的關係中撐下去。也因此，分手後仍維持朋友關係的情侶，以男方提出分手（70%）或雙方同意（71%）較高，而女方提出分手者最低（46%）。

另一個可能是，即使關係不會有進一步的發展，男性可能會因爲有性關係而安於現狀。而女方由於覺得自己對未來感到不確定，在這種情況下，會比男性不滿意。

Hill等人根據研究資料做出一個通則，即「女性比男性容易跳出感情，就如男性比女性容易跳入情關」（P.163）。

Akert的研究　Akert在一個較近期的研究中，以與Hill等人類似的地理區域，但樣本數較大，其研究結果有些不同（1984）。舉例來說，男性比女性更容易提出分手。然而，女性受分手的影響也較大。她們經歷分手的過程較不順利，她們比較寂寞、沮喪、不快樂、生氣，及有罪惡感。

如Hill等人的研究發現一樣，提出分手的人在前面提過的症狀中，只有體會更多罪惡感一項。而被拋棄的人，在上述症狀都有較嚴肅的情況。然而，不論是提出分手的人或被分手，女性的感受都比男性要強烈，這一點與早期資料一致（Kirkpatrick & Caplow, 1945；Tennov, 1973）。

提出分手的人傾向於認爲自己在分手後的態度若友善，大概可以減少罪惡感。就男性而言，將主張分手的人及被拋棄的人二者相比，彼此同意分手的男性比較有興趣當「朋友」。而女性方面，則不論在分手的過程中扮演什麼角色，她們都想維持友誼。最後，隨著時間過去，兩性對於維持友誼都會愈來愈沒有興趣。總而言之，大部分研究顯示，女性比男性在分手過程中投入較多感情。

分手後的騷擾（harassment after the breakup） 針對一個「約會研究（dating study）」，有48個女性及23個男性接受面談（Jason, Reichler, Easton, Neal, & Wilson, 1984）。就女性而言，其中38%表示在她們表明不想維持浪漫關係之後，會持續被男方騷擾至少一個月。至於男性方面，35%承認在女方表示不想再與他們約會之後，至少在一個月之內，他們會試著與女方連絡。騷擾的方式包括打電話、拜訪、跟蹤女方，而且其中約10%會採取個人威脅或暴力。看起來，似乎不少男人不願接受被女人拒絕，尤其是在關係建立之後更不願意。事實上，很多男人不知道一而再，再而三不受歡迎的電話、拜訪、或跟蹤女方就是騷擾。

分手的過程（the process of a breakup） 其他的研究主題都放在分手的過程（Baxter, 1984；Lee, 1984）。由於篇幅限制，我們只能簡短介紹這部分。圖5.4顯示其中一個相關理論（Baxter, 1984）。下列字彙可以幫助了解作者的概念：單方面（unilateral）——單方面的行為；雙方面（bilateral）——雙方都有行為；間接（indirect）——個人不清楚說明自己想分手的慾望；直接（direct）——個人清楚說明想分手的慾望；退縮（withdrawal）——逃避、儘量讓彼此接觸的時間及機會減少、對留言沒有反應、不主動、偽裝（pseudodeescalation）——欺騙伴侶，宣稱他或她想

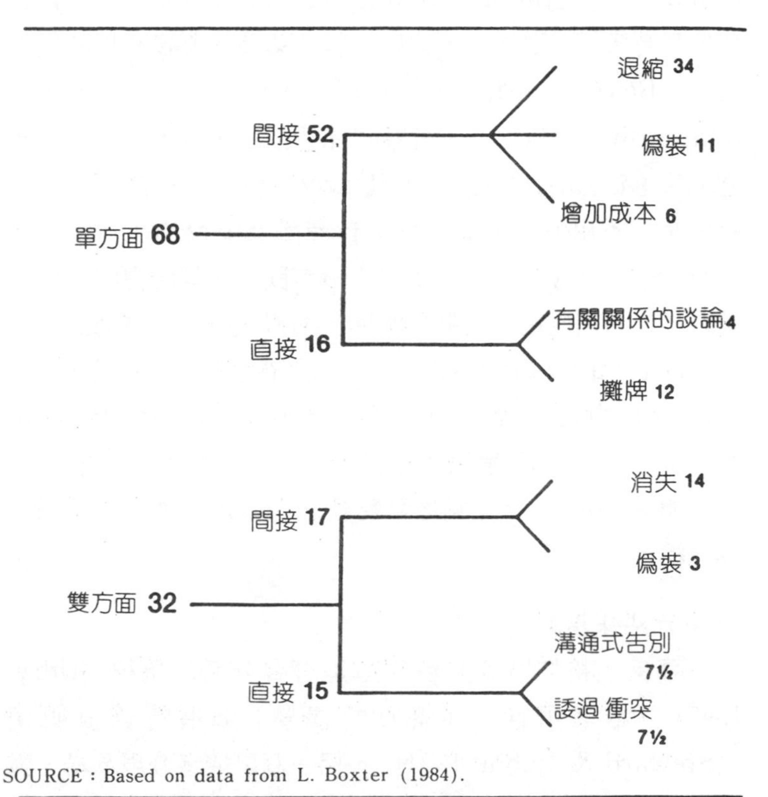

SOURCE : Based on data from L. Boxter (1984).

圖5.4　想要分手的慾望：各種方式使用的比例

要比較不親密的關係，其實是想分手。增加成本（cost escalation）——對伴侶的行爲增加伴侶的關係成本，如「我想我要暫時當個『混球』，讓她比較不愛我，然後我再向她表白」（Baxter, 1984: 37）。有關關係狀況的談話（state of relationship talk）——有關關係的談話，表明對關係不滿意，而且希望分手；攤牌（fait accompli）——表明關係已經結束，不用多說，也不可能有商量及妥協的餘地；消失（fading away）——雖然彼此沒有談論，但明白關係已經結束。大概因爲沒人主動想繼續，而慢慢分手；溝通式的告別（negotiated farewell）——彼此溝通關係已經結束，但討論過程中沒有衝突及怨恨；諉過衝突（attributional conflict）——彼此爭執爲什麼要分手，及誰應該負責。

如圖5.4所示，終止關係最受歡迎的形式是單方面、間接、及退縮。

分手的特殊指標

通常人格特質並非是預測是否會分手的指標（Udry, 1967），雖然男性「對權力的渴望」這項特質很明顯（Steward & Rubin, 1974）。另一個研究者發現承諾、對關係感到滿意、及距離靠近都是維持關係的重要指標（Stephen, 1984a）。根據分手後的沮喪顯示承諾及象徵性的依賴（價值觀相當一致）是重要指標。

總而言之，當正在熱烈探討分手時，有關分手的研究仍屬薄弱。女人常爲了一些不清楚、但早有顯示跡象的原因所折磨。大多數個人不會仔細爲伴侶設想，也不會溝通，這可能對被拋棄的人造成嚴重傷害。

摘要與結論

投資模式（investment model）比公平模式（equity model）較能正確預測交往過程的關係滿意度。然而，資產的平等，另一種形式的平等，是配對可否成功的一個好指標，但用其來預測交往的進度則比較沒效。交往是一個持續過程，而非一種狀態。只有擁有許多資產的人（心理上、身體上、及金錢方面）及少數負債的人才有選擇伴侶的機會，至於只有少數資產及較多負債的人，只能接受他們所能得到的。

曾被研究過的幾個重要因素顯示，對伴侶感覺的貼切了解，及伴侶自我觀念是否與其相同，及是否認爲伴侶可以滿足自己的期望等與交往進度有關，與自我坦白有互惠關係。不過，男性似乎在決定交往成功與否上，扮演較重要角色。與女性相比，他在前面提過的一些變數上的投入程度與交往進展較有關。

至於兩性在交往過程中的一些普遍差異，包括男性較注意外表，而女性比較注重關係的感情方面。另外，男性比以前較能接受女性也有自己生涯的權利，但他們並未因此而多分擔家務。

在平等的情況下，交往過程中的衝突是不可避免的。不過，建設性的衝突有助於關係的澄清及穩定；沒有建設性的衝突，則可能毀壞關係。

有關婚姻選擇中，親朋好友所扮演的角色是另一個被忽略的部分。當關係中出現親友強烈的反對時，大部分關係會隨之解體，而不是出現「羅密歐與茱莉葉效應」。

傳統上，交往的下一步是訂婚，但是漸漸有人選擇另一種方式——同居。大部分美國同居的人有結婚的想法，而同居成爲到結婚過程中的一個過程。當然，越來越多同居的人可能不會結婚。跟一般期待不同的一點是，同居並不會保證婚姻成功。而資料似乎朝另一個方向發展，但是同居者的婚姻成功比例較低，有可能是因爲哪些人選擇同居，而非同居經驗的影響。

近期研究發現，當有分手的情況出現，不論女方是提出分手的人或被拋棄的人，她們都比男方要承受得多。當然，大部分的分手情況都很糟糕。最常被使用的方式是由其中一方，應用不直接、退縮，而非討論問題的方式處理。在這種令雙方都痛苦的情況下，似乎都不會使用溝通技巧。

有些男性對女方提出分手的反應是連續幾個月的騷擾，雖然其中大部分人並不知道在被拒絕後仍尋求連絡，就構成騷擾的行爲。

註釋

1.Adams（1965）以及Walster，Walster和Berscheid（1978）年以"結果"（outcome）代替"報酬"（reward），以"投入"（input）代替"代價"（costs）。在本文中我用自己的格式以求用辭一致，而且爲了單一的緣故，我也沒有呈現Walster等人有些許差異的原則。

第六章
愛情

爲愛而結婚是婚姻中自由選擇的結果之一（Theodorson, 1965），而在美國，所謂的「自由樂土」（land of the free），愛情是生活重心之一。百分之七十六的大衆，認爲愛情是結婚的主要理由，百分之二十四的大衆則認爲想要小孩才是結婚的主要理由，兩者認知距離很大（Brown, 1966）。雖然愛情很重要，對於它是什麼的看法並不一致。表6.1列出大衆對其之定義。我的第一個任務是企圖列出一個簡單的定義，此定義必須能將各種愛包含其中。我也將考慮不同的愛，及不同分類及測量的方式，最後將探討對愛的性別差異。

愛的定義

表6.1顯示愛的定義因目標而異。對某些人而言，他們希望從愛人那裏獲得某些自己缺少的東西（Reik, 1974）。然

表6.1　愛的定義

愛是遇到一位美女，到發現她看起來像鱈之間，愉快的片刻。 ——John Barrymore
愛是什麼？擺脫自我的需求。 ——Pierre Charles Baudelaire
當你與一個女人之間沒有任何秘密，你愛他。 ——Paul Geraldy
不曾戀愛的人，一定從未聽說過愛。 ——Francois de La Rouchefoucald
愛是想像力戰勝智力的結果。 ——H. L. Mencken
愛是一種誇大自己與他人差異的遊戲。 ——George Bernard Shaw
通常人不會愛自己擁有的。 ——Anatole France
目標是不被允許的性關係。 ——Sigmund Freud
愛是慾望的代替品，自我實現的替代品，達到理想自我的替代品。 ——Theodore Reik

而，某些定義則意味戀愛中的人，想做某些事情來使其愛人受惠（Hazo, 1967）。作家們不止對愛的目標看法有異，對愛是什麼也有不同的看法。

愛是一種感覺

有人認爲愛是一種感覺。但是，感覺的變化很大，今天的熱戀，在明天可能會被視爲昨日的迷戀。如果因一場成功的戀愛而結婚，以後回想起來，可能被視爲眞愛；然而如果被拒絕，則可能被視爲迷戀。

在日常婚姻生活中，總有些時候配偶很容易被激怒，或彼此生氣。我們是否應將他們視爲他們之間不愛彼此了，而只有他們彼此接吻談和之後，才能再認爲他們之間又相愛了？如果眞是如此，那我們必須了解在任何一特定時刻，有一大堆人游移在戀愛及不愛彼此之間。我認爲因此感覺被用來做愛的指標是很不穩定的。

愛是一種行為

行爲也不是愛的指標。有人打他們的配偶，卻宣稱愛他們。還有些人可能對其他人有親密行爲，卻不說那是「愛」，只說「我們只是好朋友」。

因爲愛不能被降格成感覺或行爲，我建議愛是一種判斷或決定。每個人決定愛的標準可能有很大差異，如「我的心跳加速」，或「當她在時，我覺得很輕鬆」。很多人發現很難用言語形容他們如何認定自己戀愛了。但是一旦他們決定自己戀愛了，他們會有特別的「愛」的行爲來對待自己所愛的人。舉例而言，女人可能認爲與她不愛的男人有性行爲是不對的，但是，如果她下定決心愛他，則性關係就變成可以接受。愛也改變愛侶間彼此的期待、態度和行爲。人們可能會很輕易地向愛人要錢，要求愛人載他們去採購，或對愛人的要求比其他朋友還要多。

現在，我可以定義愛是個人視另一個人爲愛的對象的一個決定，而定義愛的情況會因人而異。我認爲這個定義包括各種愛的觀念。然而，請注意我們的定義是相當簡化的定義。簡言之，我們應知道愛並沒有實用而簡單的定義，如「我們愛某人」並沒有提供多少資訊解釋我們指什麼。

然而，我相信如果我們可以描述出某些基本類型的愛，會對我們了解愛較有幫助。

激情的愛

「激情的愛」曾被如此定義過：

> 全心投入另一個人的狀態。有時，戀人是渴望伴侶及渴望完全自我實現的人。有時，戀人是因終於獲得伴侶的愛，而獲得完全自我實現，並且欣喜若狂。激情的愛是一種強烈心理喚起（physiological arousal）的狀態。〔Walster & Walster, 1978: 9〕

毫無疑問，激情的愛自人類出現在地球時，即開始存在。但西方歷史第一次去正視它是在中世紀時代，並稱之爲追求的愛（courtly love）。

追求的愛

法國貴族在十一世紀末出現一不尋常現象，我們稱之爲「追求的愛」，該名稱始創於十九世紀末。追求的愛是指愛慕者及被愛慕的貴族淑女間的關係。其基本典型，詩人、音樂家、抒情詩人作曲、作詩藉以表達一種訊息，不外是歌頌愛的力量，想像愛情是燃燒、難以熄滅的熱情；丈夫及妻子間不可有的愛情；將愛慕者及其所愛的人之間的關係，比喻爲封建時代奴隸及貴族間的關係；及愛人間的忠貞（至少當他們仍彼此相戀時）。

夫妻之間的愛被認爲是不可能的，因爲愛追求自發性及選擇的自由。但丈夫與妻子間會因婚姻合約而對彼此感受到有愛的義務。因爲愛情使人尊貴，它是件好事；而又因爲這種好事不能從婚姻限制中獲得，它必須從其他地方獲得。

有關追求之愛的傑出歷史研究者是一個十二世紀的傳教士Andrew Capellanus。他在1184年到1186年間寫了一本書《追求之愛的藝術》（*The Art of Courtly Love*）。部分他寫下的規則如下：

眞正的愛人，除了自己的愛人之外，不會有擁抱其他人的慾望。

輕易獲得的愛情沒有價値，獲得的困難度使其珍貴。

當愛人出現時，令人慌張失措。

受愛折磨的人，吃不下，睡不著。

眞正的愛人，持續不間斷地想著心所愛的人（Capellanus, 1959）。

請注意這些「規則」(laws) 與現在有關戀愛的描述有多類似。抒情詩人多半一見鍾情。一位拒絕電腦配對的作家也有同感：

> 當我遇到他（心目中的白馬王子），不論是在尋寶遊戲中、駱駝下、空心菜園、石碑後、或安全島上…即使就在街對面…那驚鴻一瞥，瞬間飛逝；短暫卻令人迷惑的眼神交換…瞬間的心神交會是機器無法替代的，永遠不能的。〔Greller, 1968: 74〕

近代作家注意到這種愛慕方式的持續性。Dorothy Tennov研究焦點即爲這種如著迷般的精神狀態，並稱之爲limerance。她的描述與追求之愛相當類似 (Tennov, 1979)。

真有一見鍾情？

在一篇早期文章中 (Murstein, 1980a)，我曾表示一見鍾情是個迷思——一種心理及／或性方面的吸引力，我拒絕稱之爲愛，因爲，我認爲愛是平等，而且建立於彼此了解的關係。然而，我不該以自己的臆測來判斷他人。爲求一致性，我承認如果個人決定他們在看了某人一眼之後，愛上某人，而且以象徵愛人的行爲模式互動，則可以說他們眞的愛上了那個人。

大部分的人不會一見鍾情，事實上，人們在第一次遇到日後結婚的對象時，多半都無動於衷。此外，我們將會討論，要維持一見鍾情的最好方式是維持不頻繁接觸，或者，最好從此不再連絡。如果彼此眞有連絡，大多數的情況是，他們很快就會分手。

化學物質不平衡

一精神醫師認為追求之愛與「相思病」（love sickness）都與化學物質改變有關（Liebowitz, 1983）。他認為戀愛時興奮的感覺，與苯乙基胺（Phnylethylamine）有關，該物質組成與安非他命類似。羅曼史中斷造成的現象，與安非他命藥力退去時的症狀相似。受愛折磨的人可能無意識地沈溺於巧克力中（巧克力含苯乙基胺的成分很高），藉以增加體內苯乙基胺的成分。治療方式包括心理治療及醫療，其目的是使個人在其體內化學物質未平衡之前，不要藉再投入一場戀情以昇高體內化學物質。治療中使用的藥物包括維持苯乙基胺的藥物（monoamine〔單胺〕、oxidase〔氧化鎂〕、inhibitors〔抑制劑〕）。即使這是一個前衛性的報告，Liebotwitz並沒有提出任何支持自己主張的數據。

Walster的理論

根據早期Schachter及Singer（1962）的研究，Elaine Walster（1971）建立激情的愛的理論，包括兩個基本原則：(1)個人必須有強烈心理喚起，及(2)就個人心理喚起的情況而言，「愛」是一合理的解釋。

當一年輕男子遇到一個有吸引力的女人，發現自己心跳加速，他可能將這種狀況認為是激情的愛，將自己生理的情況歸因於看到這位美麗的女子。然而，有趣的是，心理喚起可能是由於其他原因，但並未被這個人所辨認。個人可能因將心理喚起錯誤歸因，而與那個人相戀。

戰爭因爲刺激，遇到不同的人，加上緊張及寂寞，而增加喚起狀況。Gray（1959）曾指出，人們在戰爭時比在平時容易戀愛，而且愛更強烈。

Berscheid 及 Walster（1974）舉出一些實驗來支持激情的愛的理論，在這些研究中，人們在某些受威脅狀況下，比不受威脅狀況下，易受同伴吸引。另一個有關一見鍾情的理論研究結果，似乎也支持這個理論。在此實驗中，受試者必須快速通過橫跨於230呎危岩深谷上之危橋。這些受試者與通過十呎高一座穩固的橋的控制組相比，他們對通過橋後所遇到的女同伴，都認爲她比較有吸引力，而且在人格測驗上也有較多性幻想（Dutton & Aron, 1974）。而若使用男同伴，則實驗組與控制組間沒有差異。

利用這個理論的解釋來支持喚起理論，被兩位學習學者所質疑（Kenkick & Galdini, 1977）。他們主張，任何有害或不愉快刺激的減少，都會被認爲是愉快的。因此，根據這些作者，過橋實驗的結果不是激情的愛的理論，而是學習理論。女同伴之所以被喜歡，是因爲她在可怕的過橋過程結尾時被看到，因此被與「放心、安心（relief）」相聯結。害怕的男性受試者不可能將其喚起，他們將錯誤歸因到女同伴，因爲他們可以清楚將橋作爲自己焦慮的來源。此外，認爲女同伴有吸引力，而打電話以了解更多有關實驗的事（她建議他們打電話，並給電話號碼），與激情的愛中的吸引力不同。

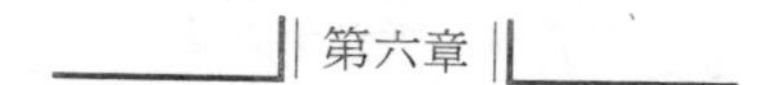

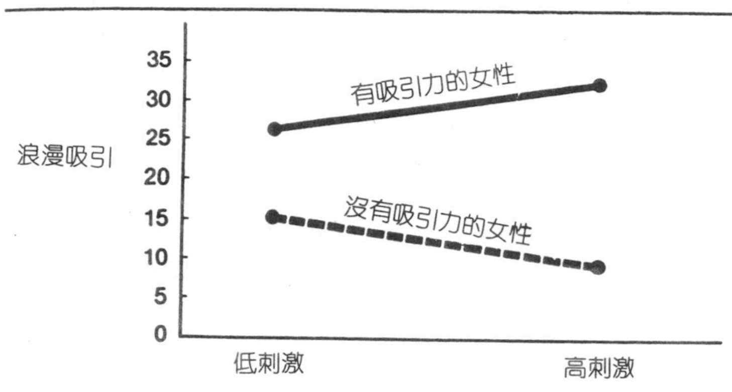

SOURCE：Adapted from data from White, Fishbein, and Rutstein (1981, Table 1: 59).

圖6.1　在高刺激及低刺激狀態對有吸引力的女性及沒有吸引力的女性之浪漫吸引

白氏等人的實驗

另一組研究人員企圖解釋這個爭議（White, Fishben, & Rutstein, 1981）。在他們第一個實驗中，只有男性受試者，他們使用一中度刺激狀況（原地跑步）及其他不同測試方式（接觸物體、聽音樂、拼圖等等），以使受試者不會特別注意跑步這項目。高刺激狀況是跑120秒，低刺激狀況是跑15秒。跑完之後，受試者馬上從電視上看到一位女同伴，將這些女人分成很有吸引力以及很隨便這兩種裝扮。他們在不久後即可以和她碰面及交談。

當女同伴裝扮很具吸引力時，受試者最容易受她吸引。

然而高刺激狀況者會比低刺激狀況者容易受到她的吸引。另一方面，當她穿著隨便時，受試者在低刺激狀況，比高刺激狀況者，易受她吸引。圖6.1顯示這狀況。

用愉快的刺激狀況（喜劇模式）、負面刺激狀況（傷害——傳教士）、及中刺激狀況（青蛙循環系統的介紹），實驗結果也類似這個情形。不論刺激狀況是否愉快，刺激的受試者比沒有刺激的受試者，喜歡有吸引力的女同伴多於沒有吸引力的女同伴。

其他研究（White & Knight, 1984）中，吸引力與刺激原因的顯著與否有關。男受試者給予高或低的運動刺激。然而，與第一個實驗不同的是，他們都從電視上看到有吸引力的女性。一半的受試者被告知，他們會與這女子碰面（女同伴的顯著性提高），另一半則被告知他們不會與這女子碰面（顯著性低）。同時，運動後，使一半受試者不再專注於運動（低顯著性），另一半則讓他們看到運動設備及跳繩（高運動顯著性）。結果顯示，吸引力最大的是運動刺激高、女同伴顯著性高、及運動顯著性低的受試者。總言之，受試者中最容易被女同伴吸引者是那些被運動刺激，預期會與女同伴會面，但又被操縱使其不注意刺激源的人。

這些發現顯示，與性無關的刺激引起的喚起，可能會增加對有吸引力異性的注意（假設大多數受試者是雙性戀），即使受試者對中刺激狀況的重要性並不注意。因此，激情的愛可能是由個人本身特質之外的因素引起。然而，實驗證據只與吸引力有關。因此，激情的愛可以藉由實驗操作而喚起的說法，仍有待證實。

刺激造成扭曲

若告知男性大專受試者他們即將與一名女子一起工作（Gold, Ryckman, & Mosely, 1984），爲了讓他們更了解她，讓他們看一份宣稱是她所做的態度調查。事實上，這份調查是拼湊的，其結果刻意與男測試者先前所做的結果有70%不同。隨後，受試者被分成三組。狀況一：受試者與一女同伴對話（受試者不知道），對話是一樣的，並處理一些瑣事。另外二組則分別如下：其中一組，受試者與女同伴互動，而由一身著白色實驗外套的女性告訴他，將在稍後爲他抽血。而控制組中，受試者只見到女同伴一會兒，但沒有給他們機會與她互動。

在第一個狀況中，受試者與女同伴互動，隨後並沒有輸血，與其他二組相比，受試者認爲女同伴與自己很類似。很明顯地，受她吸引造成他們忽略有關她態度不類似的客觀證據。Stendhal's的具體化過程（第一章）很明顯有效。

控制組中與女同伴只有少數互動者，如預期、表示與女同伴只有少許類似。至於被告知要抽血者，由於抽血這件事太顯著了，他們沒注意女件的態度，也沒被女同伴吸引，因此，他們認爲她與自己並不類似。

其他資料顯示，與不是喚起狀態的男性相比，喚起的男性認爲他們看到的女性比較有吸引力（Stephan, Berscheid, & Walster, 1971）。總而言之，很明顯，因中性刺激而喚起的男性可能被影響，如果降低中性刺激的顯著性，而有關目標吸引力的顯著性則會被加大，則男性會將刺激錯誤歸因。

什麼抹殺激情的愛

Paul Geraldy注意到：「愛情的歷史是對時間的抗戰」。激情的愛的驅動力是不能獲得。可能是被愛慕的人尚未接受他，或是由於身體距離、社會階級差異，而無法在一起。一旦愛慕者被愛人接納的需求得到滿足，激情的愛就開始減少。曾被熱烈追求的事物，一旦獲得，在享受後，很快地會成爲預期中理所當然的事。當個人驚覺他或她已忽略事業、朋友、及其他承諾時，關係似乎在此時已穩固了，而個人也回復平常。適應後標準改變，須靠特別的事情——新經驗、新人、新鮮、或不確定性——才會再燃起激情的愛的火花。

激情的愛可能隨時回到關係中：如爭吵後緊張及刺激程度升高；或長期分離之後；或特殊場合如週年紀念；升遷時；達成某件事；或行爲及人格的改變，如參與心理治療。毫無疑問，好的婚姻關係中，大部份時間，伴侶是滿足的，而且各自追尋自己的興趣。壞的關係中，伴侶則是無聊、易怒、或生氣。

看看那些流傳至今的古代愛情故事；他們都有一個共同主題。但丁（Dante），偉大的義大利詩人，第一次看到心愛的Beatrice時，他才9歲，她則更小。當時他深受她的吸引，甚至全身發抖。之後九年，他們沒有機會再見面。然後，當他們有機會再次會面時，幾乎將他的靈魂刺透。隨後她立即結婚，而且在二十出頭就過世，這是個來保持但丁熱愛的完美方式。現實永遠不會改變他對她的想法，而他在神曲中，他使她永垂不朽。

Hēloise寫情書給Abelard時，他是個去勢的教士，而她則是在國家另一邊的尼姑，也沒有完美結局的可能。Tristan和Isolde，及羅蜜歐和茱麗葉也都藉死亡保存激情的愛。

還有其他因素會磨鈍激情的愛尖銳的稜角。時間會讓愛人減少吸引力；更糟的是，時間顯露愛人曾被熱戀光芒掩飾的缺點；或者這些缺點在熱戀時即使出現，也會被忽略。在較客觀的情況中，他們不能再被否認。愛人能符合爲他或她創造的理想模式的希望已經破碎。幻想，如Stendhal注意到的，會讓位給現實。

Walster的理論不是唯一愛的理論。學習理論也影響人類行爲的許多層面，因此它以一相當不同的架構探討愛，也不足爲奇。

學習理論和愛

在我們討論熱愛時，我們注意到有關「過橋實驗」(bridge experiment)，解釋之一是當男性通過危橋之後，之所以喜歡他們所碰到的女同伴，是因爲女同伴出現的時間與危險之旅結束的時間相符合。這種事被學習理論者稱為負增強（negative reinforcement），根據他們的解釋，如果一中性刺激（女同伴）與可怕經驗的結束一起聯結，則該女子會獲得正向價值，雖然，技術上她與可怕感覺的結束沒有關係。

至於愛，Miller及Siegel（1972）表示，從與愛人的關係中，愛人感受到溫暖、愉快的感覺，從懷疑和恐懼中解脫。讓人滿足的是愉快的感覺（pleasant feeling）（主要增強）。然而，這些愉快的感覺只有愛人在時才會發生。因此，看到愛人走進房內，代表愉快的感覺即將發生。愛人是次增強物（secondary reinforcer），因其與好的事物有關。這是為什麼被愛慕者對愛慕者如此有吸引力。

同樣說法的還有Byrne（1969）的定義，其定義如下：「對A的吸引力，取決於與A有關的回饋和處罰（Byrne, 1969: 67）」。換言之，與A（A可能代表人或事物）有關的愉快經驗越多，且與A有關的不愉快經驗越少，則對A的吸引力越大。

行為學者的定義，可能會被批評其定義太不人性化。他們可能將接吻描述成「兩個嘴唇並列」（the juxtaposition of two oscular membranes）。此外，在這種定義中，愛與喜歡有何不同？這類主題並未被加以探討。假設愛可能牽涉更強烈及更頻繁的增強，那麼愛情關係中付出的快樂與增強自我需要的差異，又如何解釋？再說到有研究發現，有人會愛上傷害他們的人，而不是愛給予他們正向增強的人，這又作何解釋？這些層面都被忽略。此外，要引用學習理論解釋追求之愛似乎也不大可行（Krain, 1977）。

另外還有一種愛的存在，曾普遍得到作家們的同意。這種愛的出現是當熱愛消失，但關係仍存在時所存在的愛。接下來我們將探討這個觀念。

伴侶之愛

定義

伴侶之愛（有時稱為夫妻之愛〔conjugal love〕）可以被定義如下：一種強烈的結合，包括溫和的依附、享受彼此的陪伴及友誼。它的特徵不是狂野的激情和持續的刺激，但這些感覺不時會出現。激情的愛及伴侶之愛最大的差異是，前者主要是剝奪、挫折、高刺激狀態、及匱乏；而後者主要是接觸及需要時間發展和成熟。

有時這兩種愛被描述成是對立的，但比較好的方式是將他們視為互補。當兩人初次相遇，他們不可能馬上發展伴侶之愛，因為伴侶之愛需要能了解及珍惜對方。此外，要發展伴侶之愛，必須有某件事讓個人對對方長期保持興趣。而「這件事」即熱情。它建立了初步聯結，而變成經常性互動，甚至發展伴侶之愛。當激情的愛減少時，彼此共有的經驗，了解伴侶及被伴侶了解的感覺，已在某些人之間，成為建立永久愛情關係的穩固基礎。至於其他情侶，當激情的愛消失，顯露出關係空洞的骨架時，只有走上分手一途。

其他類型的愛

馬斯洛（1954）曾說過兩種愛。匱乏性的愛（Need-deficit Love）是指某人可能低自尊、寂寞、及不確定。這種人在關係中將自己依附在其他人上，其主要關心的是接受愛，而非給予愛。當他們逐漸發展成熟，他們達到完整的愛（being-love）的狀況，開始享受付出及照顧他人。Lewis的需要及給予愛（Need and Gift Love, 1960）有類似馬斯洛的看法。

這些觀念很明顯地太過理想化。雖然個人在發展過程中，可能從被需要轉移到付出，但多數人在不同時期間游移在被需要及付出之間。

浪漫的愛

浪漫的愛是激情的愛及伴侶之愛的組合。它包括激情的愛中的理想化與全神貫注，但與激情的愛不同的是不以心理喚起和性爲重心。它也包括承諾、熱愛、及接受等伴侶之愛的證明。它可以被定義如下，即至少是可能發生性關係的成人間的關係，由互助關係及依賴的需要組成，有幫助伴侶的傾向，也具有排他性與獨佔性（Rubin, 1970）。

時間對激情的愛、浪漫的愛及伴侶之愛的影響

我發現沒有研究測量激情的愛的強度是否隨時間而改變，雖然，如我們以前所說，經過千年來作者的觀察，當愛人間的阻礙被移開後，激情的愛消失得很快。

有關浪漫之愛及伴侶之愛則有研究。浪漫之愛是以理想化的愛爲主，而不注重外表，在結婚後十五到二十年逐漸隨時間消失，直到家中出現青少年子女時，達到最低點。一旦子女離家，愛情才會再度升高（Knox, 1970；Cimbalo, Faling, & Mousaw, 1976；Munro & Adams, 1978）。伴侶之愛在互動的婚姻關係中，似乎隨時間逐漸增加（Munro & Adams, 1978）。

目前爲止，我們所討論的愛被廣泛地分成激情的愛及伴侶之愛，但加拿大的研究學者Lee則建立了一套較周嚴而特別的愛的類別，他稱之爲愛的本質。

愛的本質

Lee（1973, 1974, 1976, 1977）提出有三種基本愛的類型，並各有特殊對應本質。友誼之愛（Storge）是指個人對鄰家一起成長的人，或總是適時出現的朋友，逐漸產生的感情。情慾之愛（Eros）對Lee而言，是尋找完美的代表。遊戲之愛（Ludus）是將愛視爲一種休閒活動、有趣或具娛樂性的運動。

這三種本質可以兩兩配對，形成三種次級變化。因此，痴愛（Mania），指愛人在恐慌、或失去理智的狀況，是由情慾之愛及遊戲之愛組合而成。現實之愛（Pragma），由遊戲之愛及友誼之愛混合，是指愛情關係的選擇，是以生意交易上最實際及對個人有利的方式來決定。而利他主義的愛（Agape），是由情慾之愛和友誼之愛組成。

Lee進一步提出「混合物（mixtures）」的可能性，所謂混合物是指初級的愛之特質，在混合後仍得以保存。遊戲的情慾之愛（Ludic eros）指強烈的吸引與遊戲態度的組合，而友誼的情慾之愛（Storgic eros）是強烈的吸引力與友誼的組合。因此，我們共有九種愛。Lee將利他之愛踢除，因爲這種無私的愛，在人間並不存在。

有關Lee對這九種類型的愛的說法，並沒有任何自己或他人的實證資料可加以驗證（Lasswell & Lasswell, 1976）。一個近期的研究（Mathes, 1980）請受試者列出代表幾種愛的項目，再用因素分析的統計方式，企圖將受試者列出之項目找出基本類型。根據Lee的理論，應該有幾種不同類型的愛。事實上，研究中只出現一種基本類型「浪漫」（romantic），及兩種不明顯的愛，即「友善的調情」（friendly flirtations）和「癡愛」（mania）。Lee的幾種類型中只出現一種（痴愛）。而基本的類型「浪漫」，包含Lee理論中的兩種類型——情慾之愛與浪漫正相關，而遊戲之愛（樂趣及遊戲）則與浪漫負相關。簡言之，Lee將愛分類的作法，與人們對愛的關係之描述並不一致。

總而言之，我相信浪漫之愛與Rubin的定義較相似。在這種愛情關係中的第一個月或第一年，其焦點可能在關係的身體層面（熱愛）。在稍後的階段，焦點會比較不在身體，而轉移到承諾、信任、共有的經驗、及感情（伴侶之愛）。

愛的心理測量

愛是單一制？

有些研究人員企圖以統計分析並了解愛。這種類型的基本方式是使用因素分析。研究者先搜集他們認爲與愛有關的因素，再確定各因素間彼此關係之強度。然後，透過統計的方式，抽取出一小部分的因素（比原先所有的因素少很多），藉以了解我們要測量的目標。這些因素是根據其強度來抽取，因此，如果有五個因素，可能第一個非常重要，而第二個之後都不大重要。對於愛的因素分析研究中，這是普遍發生的現象，即一個「巨人般的因素」（giant）和一群「侏儒」（dwarfs）因素，而根據不同因素組合有所變化（Rubin, 1970；Sternberg & Grajek, 1984）。研究中的一般因素包括：

> (1)深刻了解對方；(2)分享感想及資訊；(3)分享極私人的想法與感覺；(4)提供對方及接受對方的情緒支持；(5)透過關係獲得個人成長，並幫助對方成長；

> (6)幫助對方；(7)讓對方覺得被需要，及需要自己；(8)在關係中，感情的付出與接受。〔Sternberg & Grajek, 1984: 327〕

換言之，激情的愛、浪漫的愛、及追求之愛都是普遍、強烈被所愛的人吸引的一部分。

除了這個一般因素，Sternberg（1985）提出愛的三角理論。他認爲愛由三種成分組成：

> 情感（emotion）是指親近、親密及束縛…等的感覺。動機（motivation）是指驅向羅曼史、身體吸引力、性滿足、及相關現象的動力。認知（cognition），短期而言是指個人愛另一個人的決定，而長期來說，則是指維持愛的承諾。〔Sternberg, 1985: 3-4〕

大多數愛和喜歡的類型，或多或少包含某些上述要素。喜歡，根據Sternberg，是只有強烈情感，而沒有動機及認知的因素。「一見鍾情」（Love at first sight）或迷戀，則是只有高昂的動機，沒有情緒或認知成份。浪漫的愛則是高情感及動機組合，比較少認知的成份。伴侶之愛則包含高情感投入及認知承諾，且動機騷動的成份較低。

Sternberg的理論代表劃分各種愛的有效工具。然而，如我前面所說，仍有一些愛的層面沒被探討。它並未討論愛的目標、付出或獲得，或愛的方式、感覺、行爲、判斷、決定等。因此，它的簡單方便我們了解它，但缺點是其遺漏某些必須加以探討的層面。無論如何，對於了解愛的觀念，它確實是有用的工具。

愛與喜歡有多類似？

Rubin (1970) 建立喜歡及愛的量表。愛的量表有三種因素：即親密關係和依賴的需要 (affiliative and dependent need) ；幫助的傾向 (predisposition to help) ；排他性及獨佔性 (exclusiveness and absorption) 等。而喜歡的量表則包括下列因素：偏好的評價、尊重客體 (智力、可愛、想法、值得欣賞、好的判斷力、成熟、不尋常地適應良好) 、及認爲他或她與自己相似。

女性與男性在給彼此的愛，及對同性朋友的喜歡這兩方面沒有差異。然而，女性喜歡男友的程度比被喜歡的程度多，而女性也比男性更愛自己同性的朋友。資料亦顯示，女性比男性容易受愛侶影響情緒，同時對同性朋友也投入較多感情。

雖然喜歡和愛的測量標準彼此密切關聯，Rubin認爲這種關係內涵很「適當」(moderate) ⑴ 。他試圖證明愛與喜歡是有所差異。請注意Rubin並沒有進行大衆調查，以建立自己喜歡的測量標準。反而是以自己喜歡的觀念來建立標準，希望藉以而與愛有所區別。他所選的標準，即刻意避開任何有關浪漫感覺或情感關係的暗示。

然而，值得注意的是，即使刻意設計，仍可發現喜歡與愛之間有穩定的關聯性。其他研究者利用Rubin或其他研究量表，發現喜歡與愛之間有更強烈的關係（Brust, 1975；Dion & Dion, 1976；Cunningham & Antill, 1980；White & Kight, 1984）。很明顯的是，由於吸引力如此強烈，因此，當人們愛上某人，他們八成喜歡他。對大部分的人而言，愛是強烈的喜歡，或至少與喜歡是一連續的關係。

在多年前，從《讀者文摘》（*the Reader's Digest*）中，我看到喜歡與愛的區別最好的定義。有個可能對愛很大方的女人，被問到如何區分愛及喜歡時，她說：「如果我喜歡他們，我讓他們做事。如果我愛他們，我幫他們做事。」

比較愛與友誼

將愛的關係與友誼比較，Davis（1985）發現愛的關係比較可能牽涉性親密、魅力、及排他性。另外，在享受、維持、及付出方面，愛也略超過友誼。至於其他變數，如尊重、信任、信賴、了解、自發性、互助、及對關係的滿意，則兩者間無大差異。就負面而言，愛人間的接納及穩定性較低，而曖昧及衝突較多。這些比較在圖6.2有列出。

另一個研究（Wright及Bergloff, 1984）表示，愛情關係比友誼容易受外在社會標準、期待、及角色行爲所支配。對男性而言，可能只有對於愛情關係給予高程度的私人興趣及關心；而對女性而言，則可能給予友情及愛情同樣重視。

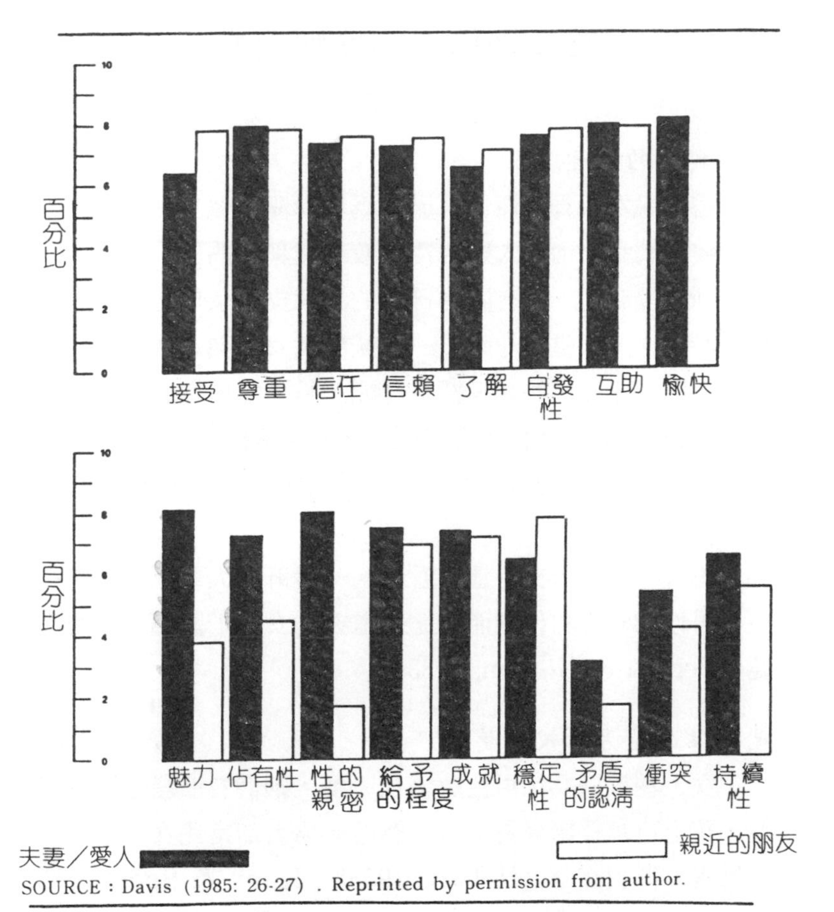

SOURCE : Davis (1985: 26-27) . Reprinted by permission from author.

圖6.2　不同特質及行爲密友及伴侶／情人之比較

戀愛關係中的性別差異

對性與愛的興趣

俗語說女人爲愛而性，男人爲性而愛，似乎意味女人對愛比較有興趣，而男人則對性比較有興趣。的確，多年前一本月刊上登載的一篇有關白日夢的文章支持這個看法。這名男子心目中的天堂是他剛和一名妖豔美女親熱之後，他輕按一個按鈕，床四周的地板緩緩打開，將美女所在的地方降入地下室。同時，天花板慢慢打開，降下四張椅子、一張桌子、一付撲克牌、一瓶Jack Daniel的波本酒，及三位男性牌搭子。

也有一些資料支持這個看法。一份針對大學生的調查發現，男性認爲性對他們而言比愛重要，女性則認爲愛比較重要（Peplau & Gordon, 1985）。

是女性還是男性較浪漫？

女人總被認爲比男性敏感及浪漫。她們看浪漫電影時流淚，花上百萬買羅曼史小說。然而，男人卻常比女人在浪漫的量表上得到高分（Hobart, 1958b；Knox & Sporakowski, 1968）。

與女性相比，男性比較會因想戀愛而開始一段關係，而且表示一開始即深深被日後成爲其未婚妻的人吸引

(Rubin, Replau, & Hill, 1980)，而且男性也比女性易早墜入戀情(Hawkins, 1962；Kanin, Davidson, & Scheck, 1970)。男人比較不願意與不愛的人結婚(Kephart, 1967)。

在評估電腦配對約會時，男性較可能對女性留下深刻印象。他們極重視伴侶外在吸引力。女性則認為理想的約會對象應該是來自適當的(right)種族、宗教、學校年級、及學業能力(Commbs & Kenkel, 1966)。

回顧愛的本質，另一個研究報告指出女性在友誼之愛(長期)及現實之愛(社交伴侶)的得分較高。男性在情慾之愛(理想主義)及遊戲之愛(不作承諾的遊戲本質)得分較高(Hatkoff & Lasswell, 1976)。

因此，看起來男性本質比女性浪漫。那麼，女性比男性浪漫的錯誤觀念從哪來？答案很複雜，但有跡可循。首先，也許「浪漫」是性的代名詞。因男性在關係中，普遍比女性先對性有興趣，我們對於男性比較浪漫應不大意外。

浪漫對女性而言，並不代表感性。一研究小組要求女性及男性描述理想的浪漫關係。作者的結論如下：

> 因此，看起來，本研究中男受試者對於理想浪漫關係的看法，比女受試者傳統。男性希望女性只為他一人，依賴他，對他感同身受，不需要高度獨立。另一方面，女受試者則希望關係中的雙方有更多獨立自主權，認為女性不要太依賴男性，或將全部心

力投注於男性身上，而且認爲男性對女性應該更體貼。〔Morais & Tan, 1980: 1222〕

男性浪漫的本質是高社會地位的結果之一。一般而言，已婚的女性得到丈夫的地位。因此，女性通常認爲，對於不會導致婚姻的浪漫史，她們無福消受。社經階級的差異也反應在有關求愛的社會化過程差異。在我們社會中，男性在社會化（也可能有生物基礎）的要求下，往往是開始兩性關係的一方。男性可能對自己有興趣的人，會主動開始去接觸。雖然女方可能還不大了解這個男性，女性可能因一個較中立的原因，如藉機了解這個人，因此女人接受男人的約會。男性對身體吸引力比較有興趣，而視覺刺激往往是他們反應的第一件事。女性對吸引力比較沒興趣，比較注意追求者的特質及前途。因此，她們會謹愼避免陷入一個沒有發展性的關係。所以，她們比男性需要較多時間來決定是否要愛，及投入一個關係。

一旦關係開始認眞，女人的愛會比男人的愛容易成爲關係過程的指標（Rubin, Peplau, & Hill, 1980）。即使她比他投入較多的感情，如果她覺得沒有進展，她會分手。而在關係中的男性比較可能享受關係的快樂，而且不大重視關係未來發展。

戀愛中的男女

當一個女人認爲自己屬於某個男人，她會比他表達多一點。在愛的量表上，她在情感表達，如Mania得分較高，並體會更多幸福感（Dion & Dion, 1973, 1975）。另一個研究要求人們描述最近的戀愛經驗，女性比男性容易體會下列感覺或行爲：飄在雲間；想要跑、跳、大叫；無法專心；想笑而且不在乎；覺得幸福（Kanin, Davidson, & Scheck, 1970）。

最後，我們不能斷言哪個性別對愛投入較多。男性通常是開始關係的人，而且比較隨遇則安——即時行樂，以後再說。女性則傾向現在付出，以後再享受。一旦關係穩固，她們會比較快樂。但是，如前面說過的，一旦關係破裂，她們會比較難過。

摘要和結論

愛的定義很多，而且差異很大，因此很難給予一個簡單的定義。在此，愛被定義成一個決定，而非感覺或行爲。有兩種基本類型的愛：(1)激情的愛及(2)伴侶之愛。第三種愛的類型是浪漫之愛，即前兩者之組合。

激情的愛是道德的規約（後來被稱爲追求之愛），開始時是在十一世紀末時包廂遊戲的一種。雖然這種規約的要件之一是一見鍾情，此關係的歷史顯示，很少人曾與結婚對象一見鍾情。

一心理分析師宣稱激情的愛是由於體內化學物質不平衡，但尚未有實證資料加以證實。另一方面，資料支持吸引力至少可以藉中性刺激（neutral arousal）加以影響，而若適當操作，可能造成扭曲。至於激情的愛是否也可藉實驗操縱來引發，仍有待進一步研究。

激情的愛基本上是被戀愛成功所終結。唯一可以確保激情的愛不消失的方法，是避免持續的快樂。

學習理論試圖將愛當成制約的例子，但並不成功。

伴侶之愛與浪漫之愛不同的是，其與日俱增；而浪漫之愛在婚姻關係中似乎呈U型演變。

Lee的九種愛的類別描述並未被證實有效。愛的因素分析顯示強烈吸引只有一主要因素。

Sternberg提出愛的三角理論，其中愛被認爲是由情感、動機、及認知成份組成。這理論可以解釋很多愛的類型，但並未探討愛的目標及模式。

普遍爲大衆所使用的愛和喜歡，可能非常相似，但愛基本上是比較強烈程度的喜歡。與親密朋友相比，愛人之間會有比較多迷惑、排他性、及牽涉親密性關係。另一方面，愛情關係會比較曖昧、衝突、及不穩定。

男人在態度量表上，比女性浪漫，也比較快墜入戀情。但是，他們的浪漫可能與「性趣」有關。女人一開始對做承諾比較謹慎，但是一旦投入，她們比男性投入更多感情。

註釋

1.令人好奇的是，在同一論文中有關關係的比較層次稱做“高”（high），而且，當一個人經由比較評估自己“in love”陷入愛的程度；他也會尋求有關愛的有效分數。

第七章
婚姻抉擇的理論

不少人企圖建立有關婚姻抉擇的理論，但是我不可能在這本小書中都加以討論。凡是被作者背棄的理論，或沒有被進一步探討，或最近不再被研究的理論，我都不探討。有些最近的理論（Stephen, 1984a）尚未發展完全，或未被進一步研究，因此不在此探討。其他沒有在這部分探討的理論，已在其他地方探討過（Murstein, 1976c, 1980b）。

以下將討論的四個理論已有相當程度的驗證，並足以被批評研究。我們將從最早期的理論，即佛洛伊德心理分析理論（Freud's psychoanalytic theory），Winch及Centers的需要理論（needs approaches），及Kerckhoff，Davis，及Murstein的過程理論（a process approach）。

佛洛伊德心理分析理論中有關伴侶選擇的部分

完整地探討佛洛伊德學說有關伴侶選擇的部分，對本書而言並不可能，但可參考其他文獻（Murstein, 1976c）。這裡我將只探討其思想導致日後研究的部分——即他對伊底帕斯（Oedipal）情結的看法。

伊底帕斯情結

有關婚姻選擇的決定，受個人性心理發展階段成功與否影響很大。性心理發展階段包括口腔期（oral）、肛門期（anal）、性器官期（phallic）及生殖器官期（Genital）。個人性滿足的基本來源是在性器期，而非生理的特質影響他或她對婚姻伴侶之選擇。

第三階段，性器期，也相當重要。這個觀念是源自伊底帕斯，在沙孚克里斯（Sophocles）的悲劇中，他無意間殺死自己的父親，並與自己的母親結婚。雖然這個階段大概在個體三歲到六歲之間發生。這個階段的發展成為日後婚姻選擇的一個重要因素。基本的性感帶（erogenous zone）是在生殖器官期，但與成人的性焦慮本質不同；應該說，小男孩在這個階段對自己母親發展出一種渴望獨佔的愛。他可能會自豪地說，自己長大之後要跟媽媽結婚。但是，在家裡他有個競爭對手—即自己的爸爸。媽媽跟爸爸一起睡覺，一起出外旅行，而且在很多方面都顯示媽媽喜歡爸爸多過於喜歡兒子。為什麼？小男孩心裡沒辦法了解抽象觀念，如人際需要、性、及伴侶。他想，媽媽之所以偏愛爸爸是因為他又大又壯，而自己卻又小又虛弱。

根據佛洛伊德，兒子愛自己的爸爸，但也恨爸爸，因為父親會與他競爭母親的愛。他想，如果自己可以讓父親身體虛弱，也許母親會將他當作丈夫。但是，難道父親不會傷害兒子的男子氣概？他看過女孩子，她們沒有陰莖。他可能認爲女孩子是因爲不乖才被閹割掉陰莖。如果他的判斷沒錯，那麼也許父親會在生氣時，把兒子的陰莖割掉，因此造成兒子極端焦慮。

正常的小男孩能夠順利通過這些難關。因爲他愛父親，因此開始認同父親，而且將自己對母親的興趣轉抑到無意識。他開始與母親保持距離，並將對雙親的愛轉換成對家庭的愛；或者，他可能從家庭之外尋求友誼（Kenkel, 1966）。

至於女孩子的狀況又稍微不同。在五歲左右，跟男孩一樣，她開始對同性的母親感到矛盾，而且女童被異性的父親吸引，但是，明顯的是她不會有閹割焦慮。她將陰蒂視爲陰莖的替代品，而且認爲自己已經被閹割了。她因爲自己沒有陰莖而責怪、拒絕母親，由於羨慕陰莖，她轉而求助於父親，希望他可以給她一個象徵性的陰莖，一個孩子。

跟男孩一樣，她也逐漸放棄父親，開始轉向母親認同。然而，由於沒有閹割焦慮，因此女孩心理斷絕的過程比男孩緩慢而且也不完全。由於她是羨慕（envy）不是焦慮（anxiety），因此在「放棄」父親時比較不會良心不安，她放棄尋找陰莖，並且強烈地去認同母親。

在性器官期及生殖器官期之間的心理發展階段是性潛伏（latency）期，在此階段，心理成長速率明顯減緩。然而，在青春期最後發展階段，性的能量再度喚起伊底帕斯的三角情結。然而，正常人格中的亂倫禁忌，讓青少年將性趣轉向到社會能接受的形成，亦即男友或女友身上。

研究

大多數有關佛洛伊德理論的研究著重於(1)企圖證明子女與異性雙親間的衝突，對於子女脫離伊底帕斯情結是必要的，而且有助於他們求愛過程；及(2)證明男性比較容易爲像自己母親的女性吸引（如歌詞中寫的，「我心中理想的女性要像我老爸娶的那個女子」），而女性比較容易被像自己父親的男性吸引。

親子衝突及求愛過程（parent-child conflict and courtship progress） 衝突可能發生的情況之一是雙親對於異性子女的約會，可能比同性子女約會，較不贊成。Kirkpatrick及Caplow（1945）調查大學生其父母對其約會的態度是禁止、不贊成、鼓勵、或無所謂？他們發現父親比較不贊成女兒約會，比較鼓勵兒子約會，如表7.1及7.2所示。無庸至疑的是，這些圖表資料也有其他解釋的可能。母親比父親會鼓勵子女約會。因此，值得思考的是母親比父親關心子女的求愛過程，而她們之所以對女兒的約會有興趣，是因爲女兒是自己年輕模樣的化身，而非爲除掉一個競爭對手。

其他企圖證明求偶過程與異性雙親衝突有關的研究結果（Winch, 1943, 1946, 1947, 1949a, 1949b, 1950, 1951；Hobart, 1958a）則顯示，對男性有複雜而含糊的支持，對女

表7.1　學生報告父親對第一次約會之態度

	人數	百分比	人數	百分比
禁止或不允許		8.5		18.0
無所謂		70.7		62.3
鼓勵		20.8		19.7
回應	130		239	
空白	11		19	
總數	141	100.0	258	100.0

SOURCE : Kirkpatrick and Caplow (1945: 115) . Reprinted by permission from the University of Chicago Press.

表7.2　學生報告母親對第一次約會的態度

	Male		Female	
	人數	百分比	人數	百分比
禁止或不允許		7.3		9.5
無所謂		57.6		39.6
鼓勵		35.1		50.9
回應	137		240	
空白	4		18	
總數	141	100.	258	100.0

SOURCE : Kirkpatrick and Caplow (1945: 115) . Reprinted by permission from the University of Chicago Press.

性則沒有支持。

表中對於父母的重要性顯示少許支持，尤其是母親與兒子求偶過程的關係。然而，女性若與父親有良好關係，則會比與父親沒有良好關係的人，在求偶過程中會比較順利。然而，爲了對佛洛伊德表示公平，我們應該注意他的確曾說過，伊底帕斯情節的改變在男性方面比女性重要。他是這樣說的，「如果女子一直保持自己女性的伊底帕斯態度，對她沒什麼大礙…在這種情況下，她會選擇有父親特質的人做結婚對象，並且準備接受他的權威（Freud, 1949: 99）」。

身體及心理與雙親類似（physical and psychological resemblances to parents） 曾有人企圖證明選擇伴侶時，會找其體型與異性雙親類似的人（Hamilton & MacGowan, 1929；Commins, 1932；Kirkpatrick, 1937；Strauss, 1946a）。其結果有些是明顯失敗，有些則非常模稜兩可。

企圖證明配偶與異性雙親的心理類似，也不大成功（Hamilton & MacGowan, 1929；Mangus, 1936；Strauss, 1946b；Kent, 1951；Prince & Baggaley, 1963；Aron et al., 1974）。

一般而言，凡上述研究結果有顯著關係時，不論男性或女性都認爲自己有與母親相似的傾向。最近，有一研究學者希望突破回憶及知覺，以事實而非想像做爲研究對象（Jedlicka, 1980, 1984）。

在二個以夏威夷人爲研究對象的研究中，他選擇父母親是不同國籍的人當受試者，而且受試者的結婚對象是與父母親其中之一的出生地相同的人（範圍包括：夏威夷、亞洲、美國本土、歐洲、大洋洲、大英國協、及拉丁美洲）。他假設，根據佛洛伊德理論，男性選擇母親國籍的結婚對象之比例會比較高，而女性選擇父親國籍之比例會較高。

他的發現和以前一些早期研究一樣，即配偶的選擇受母親影響比父親影響多。當然，兒子比女兒容易受母親影響，而女兒比兒子容易受父親影響。他的結論是「這些資料支持精神分析理論中有關父母親間接影響伴侶選擇的說法」（Jedlicka, 1978: 68）。

這個結論似乎值得商榷。最主要的影響在於母親。對異性國籍的選擇較不重要，而且不用精神分析理論即可加以解釋。當個人選擇伴侶時，第一個選擇的參考就是異性雙親，因爲配偶是異性。這結果可以歸因爲文化影響，也可能是精神分析理論。

此外，一個精確的精神分析研究中，應該特別指出有關伴侶選擇的影響，對於未解決伊底帕斯情結的人，要比解決伊底帕斯情結的人來得大。這個必要性在研究中從未被加以考慮，而佛洛伊德也從未對此區辨標準提出可以操作的定義。精神分析中許多觀念缺乏精確性，使得佛洛伊德的研究難以被驗證。以伊底帕斯情結來說，社會影響力與精神分析理論混淆，我們只能說資料稍微與精神分析解釋有一點一致，但與社會學的解釋更爲一致。

Winch的互補需要

著名的社會學者Robert F. Winch接受一般社會學中有關社會特質之一的一夫一妻制（homogamy），對婚姻選擇有重要影響——但只限於決定一個初步篩選的範圍，而從中選擇配偶，這是根據互補需要的原則。

理論

二種互補的需要，「若A的需要X的滿足B的需要Y，而B滿足需要Y之行爲以滿足A的需要X」（Winch, 1958: 93）。A的需要X及B的需要Y可以是相同的。如果A與B有一樣的需要，但需求強度不同，則兩者對此需要應該是負關連的。舉例而言，男性對支配的需要很高，則女性對支配的需要就必須低。Winch稱之爲第1種互補類型（Type 1 Complementarity）。

如果A和B滿足的需要不同，則兩者之間關係好壞要視這些需要而定。如果男生被照顧需要較高，則Winch假設他會比較容易被那些有高照顧他人需求的女性所吸引。同樣的，如果其中一位有高侵略的需要，則情侶中另一位應該有高的順從需要。Winch稱這種牽涉兩種需要的類型爲第二種互補類型（Type 2 Complementarity）。

Winch利用25對新婚白人基督教徒做研究對象，而這些夫妻有其中之一曾是西北大學的大學生。藉著面談的方式，總共找出44種需要，包括15種婚姻的需要，婚姻之外的需要，以及明顯和不明顯的需要。

Winch宣稱發現對其理論的支持，但支持仍不夠強而有力。舉例而言，388個顯著程度測試中，只有23個在1%的誤差（1% risk of error）有顯著。雖然就機率而言，3.88個測試是可以被預期爲顯著，但388個測試中只有23個顯著結果似乎不夠。

在另一個研究中，發現對於第一類型互補需要支持，因與控制組相比，實驗組顯現較低的正相關。但理論中，對於同一個需要，情侶應是負相關（Type 1）。對於該理論及研究的完整討論，我在其他地方曾加以探討（Murstein, 1976c），但以下仍將列出部分批評。

批評

研究中對於需要選擇的偏見（bias in selection of needs to study） Winch並沒有解釋他選擇研究的標準。因此，他可能選擇（也許無意間）能符合社會互補角色的需要來研究——舉例來說，一個支配型的丈夫和順從型的妻子——而忽略與互補矛盾的需要，如性。他之所以避免提到性，是不是因爲性需要較高的人是不大可能被性需要較低的人所吸引？

還有另一個偏見，用來證實第二種互補需要的44種需要，如果兩兩成對，總共有1892種組合，而他只選擇其中344種加以測試。可以合理的假設，他之所以選這344種組合，是因為他們看起來互補，而且他拒絕其他1548種組合，因為這些配對比較不可能。如果將選擇的偏差及對此理論支持的微薄證據列入考慮，則這個理論的可信度就很低。

何時一夫一妻制是互補的？（When is homogamy complementary？） 在引用需要的面試資料驗證他的第1類型互補時，Winch發現對於相同需要，夫妻間有微弱的正相關，而隨意配對的伴侶間，其數據則稍微高一點。這個相關數據被視為是對其理論的支持。然而，嚴格上說，唯一值得肯定的結論是這些夫妻比控制組不適合結婚。但是，不適合結婚並不等於互補。如Winch理論所說，互補應造成配偶間負相關，而不是小幅度正相關。

其他人大多數的研究都無法支持Winch學說。由於相關文獻甚多，在其他地方已加以探討（Murstein, 1976c），因此不再多說。這些資料顯示對於Winch提出的互補需要的理論無法加以支持。讓我們試著了解其原因。

Winch理論的研究缺乏效度的解釋

需要並非直接轉換為行為 我們通常將需要變成行為之前會有轉換的過程，除非我們心理不健全，或者需要太強烈以致於不顧一切。一個極度性飢渴的異性戀男子，通常不直接就對附近可以追求的女性去獻殷勤。列入考慮的包括自我觀念、行為適當性的判斷、及個人的短程與長程目標等。因此，一種需要可以有多種表達方式。這個男人可以手淫、嫖妓、找可能的性伴侶、或以長程計畫發展關係，而由此獲得性以外的回饋。

此外，很多人對自己和伴侶的需要並不了解，而且溝通也很糟糕。另外，需要可能會隨時間而改變，甚至有不同需要。一個研究者發現，結婚前最吸引配偶的特質，在婚後充分獲得滿足，可能變成最讓配偶生氣的特質（Whitehouse, 1981）。不僅如此，某人可能對性的需求不高，但是看了色情電影之後，會覺得產生了高度性需要。因爲需要很難加以辨識，與行爲的關係又模稜兩可，因此，選擇伴侶時，似乎不大可能只是根據需要。

有需要並不等於要得到，除非你有本錢　從Winch的理論來看，一旦通過下列選擇標準，如種族、宗教、社會階級、職業、居住地、收入、年齡、教育程度、智能、興趣及價值觀，唯一還要加以考慮的就只有需求的互補性。但是，如果伴侶之一比較好看，比較有錢，或有比較好的工作，又如何解釋？一個有吸引力又有錢的人，是否會因互補性需要而忽略了其他考慮？這個理論並不容許婚姻市場有關資產的差異。

個人追求類似或相異的伴侶　我認爲人們不會刻意追求類似自己，或與自己大不相同的人。他們是在尋找一個能滿足自己所營造的自我及伴侶角色期望的人。有結婚慾望的人，會尋找一個代表其理想伴侶的人。至於在人格特質與價值觀方面，研究發現理想伴侶與理想自我的關係密切。當個人與某人關係密切，並考慮結婚時，他會有將伴侶理想化的傾向。因此，對伴侶的感覺會近似理想配偶及理想伴侶，我

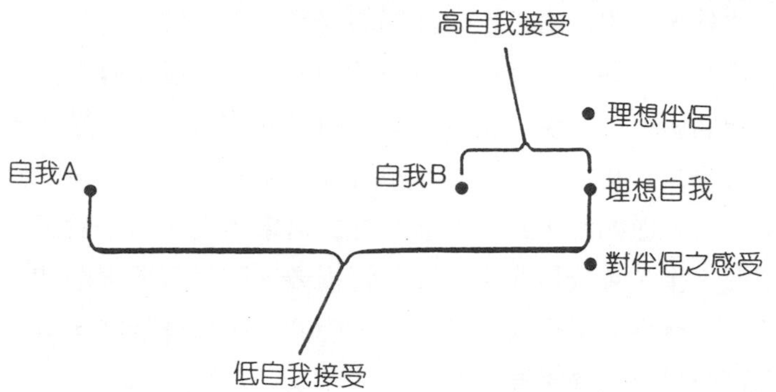

NOTE : When self and ideal-self concepts are far apart (low self-acceptance) , "A" sees him or herself as relatively dissimilar to partner. When self and ideal-self are close (high self-acceptance) , "B" perceives considerable similarity between him or herself and partner. Reprinted by permission from the American Psychological Association.

圖7.1 與伴侶相似的程度

將其稱之爲「一元希望（trinity of desidercata）」。

凡是喜歡自己的人（其自我與理想自我類似）會自動認爲自己與伴侶的感覺非常類似。而不喜歡自己（自我與理想自我大不相同）的人會認爲自己與伴侶不像，或者，至少與喜歡自己的人相比，他們覺得與伴侶相似的程度較低。舉例而言，如果我的理想自我在與他人相處方面很強，而且我也自認人際關係良好，我可能會找一個人際關係良好的伴侶，也因此我會覺得伴侶與自己類似。然而，雖然我的理想自我是人際關係良好，但是我自認人際關係不好，又如果我認爲伴侶的人際關係良好，我就會覺得自己和伴侶不相同。

在圖7.1中，喜歡自己與和不喜歡自己的人之差異，可以從兩變數間之距離看出。自我B與理想自我（自我接受程度高）接近，而且覺得與伴侶類似（自我B與對伴侶的感覺距離不大）。

另一方面，自我與其他三個概念距離越大（即自我B與其他三者之距離大，則個人會覺得自己與伴侶不像）。因此，下論是尋找類似或不類似的伴侶，都與自我觀念有關。這個觀點曾被研究加以證實（Murstein, 1971a）。這個模式是個廣泛的概念，針對特定個人，其人格、伴侶等都應加以列入考慮。

除此之外，由自我描述所認定的伴侶相似性，其範圍可能從0到很少，它取決於個性及需要。然而，關係比較親密的人，他感受到的類似性（用看自己的方式看伴侶）會大於實際的類似性（Murstein, 1967a）。

第一型互補不合邏輯，Centers曾寫道：

> A的控制慾強，而B的控制慾弱，而且，兩者之間有互動。A有控制的行爲（因有強烈控制需求）。B，因其（需求）弱，所以只有微弱的反制力來控制A…A還是可以主宰，並由此獲得滿足。那麼B呢？他有從中獲得滿足嗎？B没有滿足的機轉，若要使其產生機轉，則應以一個控制的需求，或順從的需求，這會使得第一類型互補變成第二類型互補。第一類

型互補無法加以解釋，其不具互補性。〔Centers, 1975: 117-118〕

爲了對批評提出回應，Winch對自己的理論加以修正如下：「一對夫妻，如果吸引彼此的原因是互補需求，則如果其互補性與角色期望不合的人關係，會比互補性符合角色期望的人不穩定」（Winch, 1974: 406）。因此，在男性主導的社會中，女性控制慾強而男性順從性高的伴侶，與男性控制慾強而女性順從性強的伴侶二者相比，前者的關係雖爲互補，但關係較脆弱，而後者之關係則較滿足社會角色期望。

雖曾做過修正，但Winch在去世之前，並未再深入研究其理論。回顧起來，他是第一個在婚姻選擇方面提出理論的人，同時也進行研究計畫加以驗證。他的研究引發後來對婚姻選擇的研究。

工具理論：需求理論的修正

這個理論的作者Centers指出，在任何關係中，我們都會試圖尋找帶給我們最多報酬及最少成本的人，然後與其配對（1975）。

Centers找了71個大學生來驗證自己的理論，這些大學生經測試都是願意結婚的人，其測試方式是列出15種需求，而且每個需求又分別以幾個項目來加以測試。與Which不同的是，他表示有某些需求比其他需求來得重要。對戀愛中的兩性而言，性和親密的需求會比幫助與自尊（abasement）需求重要，而情侶對於前面兩個需求應有顯著的正相關。

與Which不同的地方還包括：某些需求對某一性別的人要比另一性重要，如：「男性控制對女性有高吸引力，而女性控制對男性吸引力較小。此外，女性教養對男性有高吸引力，而男性教養對女性吸引力比較小」（Centers, 1975: 75）。

Winch的第一類型互補（即伴侶間對於同一個需求應有負相關）由於被拒絕。「只有讓彼此滿足的不同需求才可能互補…如果需求是互補的，則需求的本質及種類應該不同，而且也會產生不同行爲。」（Centers, 1975: 119-120）。

根據同性一致的原則，典型男性的需求（以正常男性爲測試對象所得之中數值，要遠大於女性的中數值），應與典型女性的需求（女性中數值大幅多於男性中數值）有相關性。差異最大的需求分別是控制（男性）及親密（女性）。因此，Centers預測對於未婚者，這兩種需求應有高度的相關性。

某些需求會與男性相聯結，這些需求有點威脅意味，如：成就、侵略、自主、控制、及風頭主義。然而，如果女性有這類需求，男性不會有不好的感覺，而男方就可以忍受，甚至從中受益。尤其是成就這一點。因此，Centers預言，如果男性的自尊需求低（自尊測驗中不好的感覺），則與高自尊需求的男性相比，前者與其女友之成就需求會有關聯。

總共有239個呈散狀分布的假設。有些主要假設，如前面所提過的，獲得支持。情侶間對性及結盟之需求呈顯著相關。另外，一如預期，當把男性的主要需求（如控制），與女性的主要需求（如結盟）做相關測試時，其結果呈現高度相關。最後，如預期一樣，如男性自尊的需求低，則情侶間對成就需求的相關程度則普通，而高自尊需求之男性，其與伴侶間成就需求之相關則不存在。

雖然理論有所支持，但我們不能任意刪去假設。我們所討論過的假設似乎也很合理，也經過一些證實，但這些假設與Centers的簡單快樂主義理論並無特殊相關性。即使沒有他的理論做參考，也可以合理的解釋。

Centers提倡的觀念是，如果某人對某種需求較高（如結盟），則會被異性中也有同樣高需求的人所吸引。他提出情侶間有高結盟需求關係來支持這個說法。但是，這個理論並不眞正算是有高度相關，因爲正相關應該可以反證——亦即低結盟需求的男性會找低結盟需求的女性，正如高結盟需求的人會找高結盟需求的女性。Centers並沒有解釋爲何低結盟需求的人需要另一個低結盟需求的人。

總而言之，工具理論仍不完整，而Centers的研究資料分析並不正確（Murstein, 1976a）。有些微弱不顯著的相關數據還被當作是支持假設之證據。雖然這些假設在特殊情況下可以被修正，而使結果符合假設，但是會造成理論信度及效度的問題。毫無疑問，他的思想如果不討論角色測試及角色實現，會比Which的互補需求理論更進步。

早期過濾理論

最早提出過濾理論的是Kerckhoff及Davis（1962），他們假設：經過一夫一妻制文化變因做過初步刪選之後，會根據價值觀及需求互補性做進一步刪選。以Duke大學學生做樣本，他們發現針對雙方交往不超過18個月的情侶，價值相似性，是決定交往進展的因素，而非需求互補性。至於交往期較長的關係，則是需求互補性為決定交往進展的主角，而非價值相似性。然而，七年後再重做此研究之結果，並不支持此說法（Levinger, Senn, & Jorgensen, 1970）。不過，這個理論又被詳細探討，並擴充為一個三階段交換理論，我將在下一段加以說明。

兩人關係的刺激—價值觀—角色理論

刺激—價值—角色理論（Stimulus Value Role Theory，簡稱SVR）是有關兩人關係發展之理論。它是交換理論的一種，即在自由選擇的情況下，吸引力及互動取決於雙方帶入關係中之資產及義務的交換價值。影響關係發展過程的變數，可以用下列三項變數來加以分類：即刺激、比較價值、及角色。這些變數在交往過程中都會發生作用，但在交往過程的各階段中會分別有不同影響力。這三階段分別以各階段中，作用最大之變數爲名。

非SVR因素影響關係發展

基於下列原因，有關兩人之間吸引力的理論，並不能精確預測婚姻的選擇。首先，某種關係可能很不錯，但其他型態的關係則可能會更好。

其次，個人結婚的慾望不同。認爲婚姻很重要的人，對於兩人關係的相容性的要求，與不急著結婚的人相比，前者的要求可能比較不嚴格。第三，越來越多人拉長交往期間，或選擇同居以享受婚姻的好處。

其他影響結婚的因素，包括時機、重要事件、及社交圈。「心目中理想的伴侶，可惜出現的不是時候」，當個人在還沒準備好要結婚時，碰到很合適的對象，總會很抱怨。重要事件，如果情侶中有一方工作驛動，必須搬到其他城市，這可能促使某些情侶結婚，卻也可能使某些情侶分手。至於社交圈的重要性，已在第五章加以討論。

交往像一個慢慢加速的輸送帶，而其目的是婚姻。個人在交往初期可以輕易跳脫二人的關係，但是隨著目的地逐漸逼近，跳開變得相當危險——要向每個人解釋會很失望及尷尬。

這些不同因素導致一個結論，即是兩人的關係與婚姻選擇並非同義字。毫無疑問，它們彼此相關，所以，了解異性間雙人關係的形成，可以幫助我們了解婚姻的選擇。本章其餘部分將探討SVR理論的交換層面（平等及交換部分在第五章曾討論過），及影響兩人關係穩定和交往中各階段的一些變數。

交往中的交換

與我們曾定義過的報酬和成本密切相關的是資產（assets）及負債（liabilities）。資產是個人擁有的商品（commodities，指行爲或特質）能夠酬賞對方。負債是個人的行爲或特質會成爲對方的成本。

舉例而言，一個不具外表吸引力（負債）的人，可能希望找一個美麗的女人。然而，假設他外表之外的特質對她沒有其他報酬，她比他從關係中獲得較少利益，則他的訴求可能被拒絕。對他而言，被拒絕是一種成本，因爲他可能降低自尊，及增加對未來找對象時的恐懼；因此，他可能避免追求他自認比自己有吸引力的女性。

另一方面，一個男人若企圖追求比自己沒有吸引力的女性，則他可能會比較具有信心，因爲他被拒絕的危機會減少（低成本）。然而，這樣的情況所提供的報酬價值較低，這樣行動之獲利性也低。因此，有經驗的個人會儘可能利用自己之最大價值，當他們與自己差不多姿色的人交往時，假設其他變數一樣，則他們會儘量獲取最大報酬而使用最少成本。

情侶間配對時的考慮因素不必相同

關係建立並不一定要建立在外表吸引力的平等上。假設一對男女對彼此的資產與負債有相當程度的了解，則比較不具吸引力的一方，可以用其他方式彌補自己的「弱點」。舉例來說，假設男方比較不具吸引力，而女性比較有吸引力。他可能會付出比接受多，或做牛做馬照顧她。Dermer（1973）之研究報告指出，女性越具外在吸引力，她會預期婚後假期會較多，而工作時數會較短。

具吸引力的女性所「付出（pays）」的代價是和他在一起，她被看到與一個不具吸引力的男人在一起是其代價（失去地位）。Berscheid及Walster（1974）研究文獻，發現不具吸引力的人與具吸引力的人在一起，他的自尊會提高，而和他們在一起的人則失去社會地位。外人只看到他們的外表可能會覺得他們的交換價值並不公平，而且懷疑她到底看上他什麼。然而，如果將所有變數列入，則可能對雙方是公平的。

交往過程中的刺激、價值及角色階段

要了解SVR理論的第二個基本觀念——交往的階段發展——則我們必須先了解關係開始的場合是「開放式（open）」或「封閉式（closed）」。

一個開放式的場合（field）是指男女剛開始時並不認

識彼此，或只有點頭之交的「混合體（mixers）」，如學期剛開始的時候，或在辦公室中稍有短暫接觸。所謂「開放式（open）」是指男女雙方都可以開始這段關係。至於「封閉式（closed）」是指男女雙方都有對方的資料，如學校中小型研習會，或和平工作組織的成員，或競選總部之工作人員。而所得到的資料則根據個人價值觀加以評估。

刺激階段

當兩個異性在一個開放式場合中（如舞會），通常他們會透過初步刪選中去除不適合結婚的對象。舉例來說，如果是校園舞會，則可能只限學生參加。因此，學生不只在教育程度上有同質性，他們在與教育有關之變數上，也具有較高的相似機率，而這些變數可能包括：社經階級、年紀、智能、及某些價值觀。

此外，在挑選過程中，其他變數仍有很大的變化空間。這些變數包括外表吸引力、氣質、及性需求，而這些變數則與學生入學，無直接關係，因此，兩性間在彼此已接觸後，可能造成快樂或被拒絕等不同情況之反應。

第一印象並不止於感覺。個人的刺激價值可能包括他或她的名聲及專業態度等資料，而這些資料可能在他們有初步接觸之前就知道。因此，第一印象與日後結婚之間的關聯性是值得懷疑。毫無疑問，在開放式場合，刺激階段非常重要，因爲如果沒有建立好第一印象，則不大可能有下一次接觸。也因此，低刺激吸引力（特別是沒有外表吸引力）的人在開放式場合可能會有不少阻礙。

因爲外表吸引力很重要，因此假設在沒辦法取得其他資料的情況下，個人會尋找最有吸引力的伴侶。有證據支持，上述假設最有可能發生的情況是下列兩種情形：(1)個人沒什麼約會經驗，而且沒有過被拒絕的滋味，及(2)個人只是試探，而非正式約會（Huston, 1973；Bercheid & Walster, 1974）。然而，大部分的人都會結婚，而並非每個人都有外表吸引力。因此，假設交換原則之後才有選擇標準。外表吸引力對相當有經驗的個人而言，擁有相同的報酬能力，由於沒有其他資料，則傾向於彼此的吸引而忽略其他資料。

價值比較階段

如果情侶間刺激的變數幾近相等——即個人所感受的刺激變數（如外表、地位、姿態、聲音）大致相當——他們會進入交往的下一階段（價值比較〔value-comparison〕）。從一個階段進入下一個階段，所需的時間無法加以估計，因爲情侶間各階段之重要性及互動程度都各自不同。

圖7.2列出三變數之重要性與持續時間之理論平均區線。嚴格上說，圖7.2上所列之區線，對每個情侶的適用狀況不同。因爲有可能其中一人仍在刺激階段，而另一個在價值階段。舉例來說，一個男性在一開始可能只是單純地爲女性外表所吸引，而不過問她的價值觀，而她則質問他對女性解放、同工同酬、及結婚但不生小孩等事情之看法。因此，在二人關係中，不僅僅個人認爲重要的事不同，而且，兩人所處的階

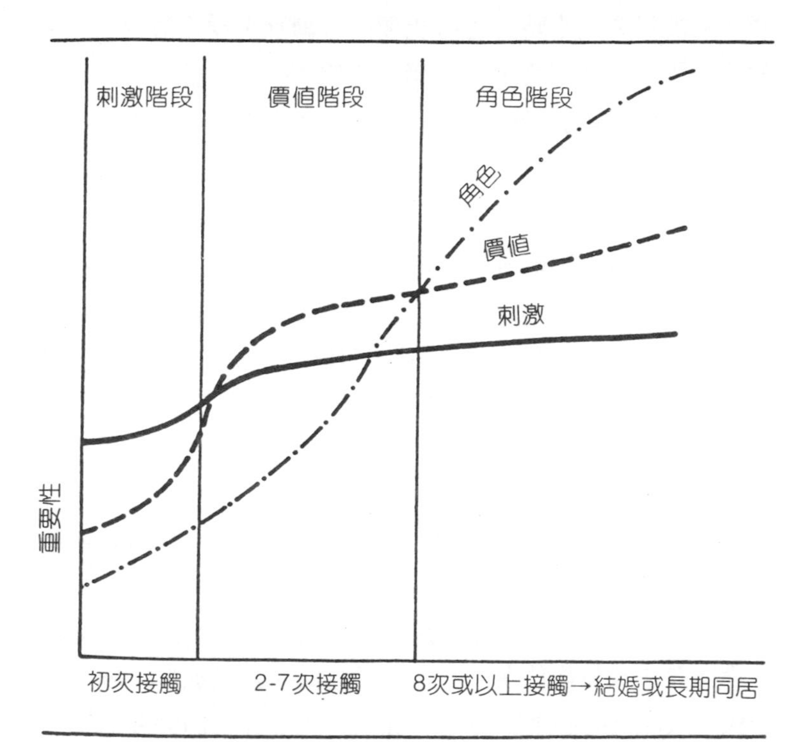

圖7.2　SVR理論之交往階段

段也不同。這種差異未必對二人關係不好，只要雙方都從關係中獲得報酬即可。

刺激階段的結束是指在關係中，刺激變數與價值比較變數比較起來較不重要。而從刺激階段到價值比較階段的過程，可能只要幾小時，也可能要幾個禮拜，完全取決於互動程度。也有可能不發生，這部分我們稍後再討論。

「價值比較」是較適當的名稱。我認爲這個名稱代表興趣、態度、信念，甚至需求，只要是發自內心。價值比較階段的焦點，簡言之，就是藉語言互動來搜集資料。一般而言，比較廣泛性的價值觀會在關係早期即顯露出來，而比較私人性、具爭議性的價值觀則會在二人關係進行中較晚才出現。

當然，言語互動在角色階段會比在價值觀比較的階段上更重要。在角色階段，重點會放在兩人關係，包括對彼此感覺及永久關係的承諾、自我形象的確認、及預測對方感受及感受的準確性。

價值觀比較階段是指情侶間尚未進展到足夠的親密程度，便要求要了解及分享彼此最私人的感受、恐懼、願望、及關心事情的時候。當然，在這階段情侶會了解更多對方的一般性看法及某些私事。例如宗教信仰、政治態度；對人、雙親、及朋友的態度；運動、藝術、舞蹈等方面的興趣。

價值觀比較階段的進展速度取決於社交穿透率（Altman & Taylor, 1973）。情侶逐漸表露自己的想法及感受。他們評估自己是否自在、他們的坦白是否被接受、及自我表露對伴侶行爲之影響。在成功的關係中，伴侶接受對方的價值觀，並展露自己的價值觀。個人間自我顯露會造成對方多的自我顯露，二人關係也會因此而提昇到較深層的性格部分（Cozby, 1973）。兩者的看法較一致，是成功關係的結果。

在價值觀比較階段，雖然刺激及角色變數都有在作用，刺激變數的重要性已逐漸消失。大部分擁有不同吸引力刺激的人，即使彼此相識，也不會發展關係。少數有不同刺激吸引力的情侶會維持既有關係，可能是他們有不尋常的價值觀，或角色互補性。

角色互補性的測試，不止牽涉親密的言語溝通，尙包括知道如何與對方互動、及知道對方可以扮演哪些角色來滿足自己的需求，如：朋友、老師、愛人、批評者。這些角色不止牽涉極度親密性，也需要很多時間才能熟練；因此，角色互補性的發展時間要比價值觀比較階段長。然而，當角色互補性的重要性超過價值觀比較的重要性，則開始角色階段，如圖7.2所示。

角色階段

如果一對情侶能通過刺激及價值階段，他們已建立相當不錯的關係。少數人甚至決定在這時候結婚。然而，對大多數人而言，這些是必要但並不足以構成結婚的理由。情侶能夠發揮互補角色的作用也很重要。

角色階段的基本特質是個人對自己在兩人關係中，角色期望與實際情況之評估，及對伴侶之角色期待與實際表現之評估。角色互補性的全盤評估，可能包括許多角色，而且很難評估，價值觀則通常比較容易被了解。我們評估角色互補性，是藉比較期望及行爲是否滿足期望的方式。角色互補性可能是各階段中最複雜的階段，也可能從未被完成過，因爲個人似乎不斷加入新的角色，或是修正既有角色。

交往的類型及跨文化影響

由於人格特質、經濟、及文化差異造成的變化（Murstein, 1976b）可能影響各階段的重要性。「刺激」型的人在整個交往過程中都會將刺激變數視爲最重要。對於這種人，能夠嫁給合適的階級或職業的人最重要，而角色互動次之。

對於社會改變不大，或階段結構穩定的社會，上述情況也適用。同一個村莊的人可能受刺激變數影響最大，因爲幾乎村子裡的每個人的價值觀都相似。角色階層可能很嚴格，兩性角色被清楚定義及區分。在這種情況下，角色階段及價值階段都不大重要。

在我們自己的社會，一致的價值觀對專業人士及中上階級程度的情侶最重要，而對低階級的人則是最不重要（Kerckhoff, 1972, 1974）。然而，媒體的重要性也與日俱增，特別是電視，似乎所有價值觀都透過紀錄片及戲劇加以描述。結果是各階級的價值觀有更大的同質性，而各階級的價值差異正逐漸消失，如果還沒完全消失。

SVR理論研究之一覽

作者列出39個有關SVR理論的假設（Murstein,

1976c）。其中33項假設獲得強烈、普通、或微弱支持，6項假設不成立，即使有強烈取向。因爲沒有財源可以支持階段發展的長期研究。幾乎所有的研究焦點都只放在理論的交換部分。

樣本

上述主題在1960年代末期以三組樣本加以測試。樣本主要是康州中產階級或以上之大專生或大學生。情侶在自願參加「人際關係（interpersonal relationship）」研究前都已經對彼此有相當了解（平均交往約2年）。第一組樣本包括99對情侶，他們做一些測驗，其中包括明尼蘇達多重人格測驗（Minnesota Multiphasic Personality Inventory）及修正的艾德華人格喜好測驗（the Revised Edwards Personal Preference Schedule）。一年後，另一組包括98對情侶的樣本做了另一系列的測試，其中包括婚姻期望測驗（the Marriage Expectation Test）。該測驗之假設是特別用來測試對配偶之身體、價値、及角色特質之期望。這個測驗由幾個知覺組（sets）構成，包括對男友（女友）之感覺、自我、理想自我、理想伴侶、男友（女友）對我的看法、及男友（女友）對理想伴侶的看法。初步測試6個月之後，每個受試者收到一份追踪問卷，詢問他們與伴侶之間進展如何。根據一份計分表，情侶被分爲有好的進展或沒有進展。

研究

研究顯示情侶間在外表、自我接受程度、神經質、對伴侶預測的準確度、及伴侶對自我感覺的一致性上，幾乎沒有差異。在性驅力（Murstein, 1974c）、價值觀（Murstein, 1970）、看圖說話及置跡測試所測得的知覺模式、及行爲的表現方式都有類似性。相關之強度則隨變數而異。一般來說，特質越明顯，相關強度越大。因此，外表的相關程度遠比知覺模式大，因知覺模式代表非結構性及曖昧的測試。

至於理論有關交換的部分也獲得支持，因爲膚色、異種族婚姻的可能性、自我接受度、伴侶滿意度（Murstein, 1973a）、性別（男或女）都被證實對於選擇配偶的資產—負債平衡有影響。上面列出的變數也對交往進展有影響，但相關程度頂多很小，甚至對某些變數根本沒有相關。針對這一點，可能有許多原因。

首先，關係中報酬的平等，只有當平等代表滿意才可能造成關係進展。假設，情侶中兩位對於確認伴侶自我觀念都一樣沒什麼概念。那麼，這樣的平等並不會導致關係有所進展。其次，如前面提過的，兩人關係之外的其他因素（家人及朋友社交圈、重要事件、工作驛動、對結婚的準備等）也會影響交往進展。因此，報酬的平等對於預測配對會比預測結婚有用。

最後，我們應該注意該理論已從交往被延伸到婚姻調適（Murstein & Beck, 1972）及友誼（Murstein, 1971b；Murstein & Lamb, 1980），而結果與未婚情侶類似。而有關其他研究對此理論之適用性也曾被討論過（Murstein, 1976c）。

對SVR理論的批評

理論曾在一些小地方受批評（Rubin & Levinger, 1974），但是卻被宣稱這些作者是錯的（Murstein, 1974a）。只有一個重點，作者與批評家都同意。這個理論並未測試順序的影響。有許多非直接資料，更別提邏輯性，都顯示刺激變數是在價值及角色變數之前。角色互補性必須仰賴情侶間的了解及親密，因此，我懷疑會有人認為它在處於刺激階段之前。因此，有關順序的質疑應該是：價值階段在角色階段之前，或者是彼此有聯接性？（價值階段比較不可能在角色階段之後，因為很難令人相信沒有討論價值就能達到互補）。

資料

在我有關SVR理論的原始論文（Murstein, 1970）中，我指出就我的研究對象而言，價值觀的一致性與交往進展沒有關係。這些個人平均與伴侶在一起有21個月，因此確定可將他們視為在交往中的角色階段。這個發現與理論一致，但我並不意外，因為預測沒事會發生要比預測有事情會發生容易。

在一個測試SVR理論的研究中，Hutton（1974）發現：交往長期的情侶（交往18個月或以上）與交往短期的情侶（交往18個月以下）相比，前者相容在某些角色的變因有較高一致性，這一點與理論吻合。然而，她的另一個假設，短期交往的情侶比長期交往的情侶有較高價值相似性，這一點並未獲得支持。其次，另一個假設，短期交往的情侶與長期交往的情侶相比，前者的價值相似性與交往進展比較有關。這個假設也沒有獲得支持。即價值相似性與交往進展對兩組不同交往期間的情侶都沒有關係。

在一個有關錄影帶配對約會（video dating）的研究中（Woll, 1984），有興趣的人可以獲得心儀對象的興趣、價值觀資料及其錄影帶。然而，讓他們有興趣連絡的主要因素是外表及年紀，這點與SVR理論中雙方會面前之刺激階段的主要焦點吻合。

Stephen（Stephen & Markman, 1983；Stephen, 1984a）宣稱如果SVR理論有效，則就對世界感受的相似性分數而言，有進展的情侶其分數變異性會低於沒有進展情侶之變異性。但是，他分析的方法有問題，使其結果令人存疑（Murstein, 1985）。其他比較不曖昧的研究發現，都清楚支持SVR理論。舉例來說，在一個主要測量價值觀的研究中，針對交往期間的長短及情侶相似性的關係發現，對交往不到一年的情侶，兩者呈顯著相關；而對交往一年以上的情侶，則關係呈不顯著。SVR理論認為價值相似性與關係建立有關，但到某種程度之後，價值相似性就與交往期長短沒有關係，因為不同價值觀的人多半已經分手。

在另一個精心設計的研究（Leigh, Holman, & Burr,

1984）中，對這個理論其中少數假設得到微弱支持，但大多數是沒有受到支持的。然而，回顧他們的研究（Murstein, 1985），發現他們將學生在價值或角色階段分類錯誤，用來測量角色相容性的方法不適當，及母群與測驗太多選擇性（學生全爲摩門教徒，並給予摩門版測驗），因此，學生見面之前就有價值選擇性。

回顧所有研究發現，有證據顯示價值一致性在關係早期作用比後期大，此發現與SVR理論一致。然而，也有與理論不合之研究。可能的解釋如下：⑴順序的影響不大；或⑵如果理論是可成立的，則必須將其他影響順序原則的因素列入考慮。這些讓我對理論提出澄清及進一步研究（Murstein, 1985）。其中的一些重點包括有價值階段生在關係早期，約二次到七次接觸後。在這時期溝通的價值觀是一般原則多於私人價值觀。前者包括宗教、政治、婦女事業、及生兒育女的重要性。而後者則包括對特殊性行爲的偏好、特別的衛生習慣、對金錢的態度、希望對他人及伴侶保持的心理距離。比較私人、機密的價值隨著關係日漸親密而逐漸顯露。價值階段之研果之所以呈多樣化，其中原因之一可能是沒注意到測試何種價值。這個不是研究者的錯，應該是我的疏忽，因爲我沒有澄清自己的立場。

總而言之，批評者並沒有正確地測試SVR理論，研究者應該負起沒有遵照角色及價值觀定義的責任（Murstein, 1976c），而我則應該對沒有清楚說明價值階段從何時開始負責。無論如何，在批評家的督促下，我們開始有一個更清楚及精密的理論（Murstein, 1985）。應該有更多研究會陸續出現。

摘要和結論

我們回顧心理分析理論、互補需求、工具理論、及SVR理論，對婚姻選擇臆測的證據。每個理論都有支持的證據，也有不支持的證據。很明顯，每個理論都有深入研究的空間。我們列出理論的順序，相當於他們的年代順序，也可由此看出其間趨勢。

從單一原則到比較複雜的解釋

心理分析學者認為婚姻選擇是由無意識過程及性心理發展決定，而文化影響不大。本書前面討論的「物以類聚」派，雖然不是一個正式理論，其強調種族、宗教、社經地位、及其他文化因素的同質性有影響，但其忽略心理層面的影響。Winch的「異性相吸」互補需求理論，了解一夫一妻背景的社會影響力，但表示這些變數只提供符合資格的人，而個人根據互補需求從中加以選擇。

Center的需求理論，就Winch理論加以改良，他捨棄Winch理論中不合邏輯的部分，如第一類型互補；他也不將各種需求的強度及重要性視為相等；而且，他注意到各種需求對兩性的重要性不同。我自己的SVR理論視選擇為一複雜決定，所有的需求都包括在資產和負債之下，再加上其他變數，而上述的總會經過處理而建立市場價值。要注意的還包括結婚的慾望與環境影響，如工作、家庭和朋友、影響、及重要事件，即使上述這些因素並未正式整合入理論部分。

整體看來，很明顯的從簡單、單一的解釋，到複雜、多方面影響力，必須加以考慮，才能決定結婚或選擇伴侶的因素。在本書最後一章，我將不止回顧本書中提過的部分，並將對未來擇偶及婚姻選擇理論做一預測。

第八章
結語

女權逐漸提昇

婚姻，從原本是經濟安排及傳宗接代工具演變爲情感上的關係，依我的想法，與女性社會地位提昇有關。婚姻關係，乃從戀愛開始，以婚禮來轉換角色行爲，而且婚姻關係在婚姻中也扮演重要角色，這都是女權高漲的見證。雖然這種改變對男性也有好處，但是由於直到數十年前男性在社會上的地位都較女性高，所以男性在轉換到比較平等的婚姻關係時，他們就會失去某些權力。

儘管女性地位感覺上有所提昇，但就我們的資料顯示婦女在追求均權過程中，並未完全與男性平等，即使差距年年縮小。女人面對不喜歡的追求者固然有拒絕權，但仍無法像男性一樣追求自己心儀的男性。其他有關兩性不平等的證據還包括，女性對追求者施予的暴力及婚姻暴力仍較無抵抗力，也容易成爲受害者；甚至在工作上也有同工不同酬的現象。也許有人認爲女性的權力與男性平等，甚至超過男性，可能只是她們使用的方式比較不直接。然而，我認爲不直接使用的必需性，正是缺乏與男性平等權力之線索。

結婚的好處減少

婚姻不再像以前一樣吸引人。某些婚姻中的好處，如今不用結婚也能得到，同時不結婚還可以避免婚姻對個人自由之限制，或其他的婚姻成本。

性關係現在可以從婚姻之外取得，雖然仍有大部分的人希望性關係能帶有親密感情成份——如婚姻。此外，在避孕方法不像現在這麼發達之前，長期的性關係結果通常是懷孕。而現在，各種避孕方法已經相當有效，所以採用同居而不結婚的方式目前普遍被接受。生育小孩的慾望減少，即使想生，也只生一個或兩個，而非像以往一大群。這樣結果導致越來越多的人等到想懷孕時再選擇結婚，或在結婚之前就已決定先生小孩。有些人也因爲太習慣單身或同居生活，所以不結婚。以上等等因素造成結婚率下降，即使結婚的人通常也傾向晚婚。

外在影響力被低估

將感情視爲婚姻選擇的主要因素時，也不能忽略情侶關係之外的因素。如果認爲一個對結婚沒有興趣的人，偶然發現一個合適對象就會結婚，那就錯了。應該說，對大多數人而言，結婚是生命過程中某階段的主要目標。一旦想結婚，如何找到最佳對象就會變成最重要問題。有許多資產的人炙手可熱，而沒有資產的人可能沒多少選擇。

即使時機適當，再加上有合適的對象，他或她還必須通過親友接受與否的那一關卡。如我們曾討論過的，一個人的社交圈如果不喜歡「外來者」，則社交圈可能傷害到情侶間的關係。

從單一理論到更複雜的理論

佛洛伊德的心理分析理論，企圖以性心理發展階段來解釋婚姻選擇，但佛洛伊德並未考慮到環境的影響。互補需求理論認為其主要影響，對互補需求而言，環境影響是必然的先驅。SVR理論注意到伴侶之外的影響因素，但並未加以按先後階段加以整合。

SVR理論的交易觀點，與人類需求是伴侶選擇的主要因素，所持的觀點剛好相反。婚姻選擇被視為一種市場現象，婚姻市場中的人並不是無意識地被愛神的箭射中。應該說，對於有特權的有錢人或沒有生計負擔的人，他們可以選擇門當戶對的有錢人，愛神則是他們的奴隸。至於沒錢的人，只能雇用近視眼的愛神，用劣等的箭射穿一樣只有微薄資產的人。

但是，如前面提過的，SVR等交換理論除了驗證V階段之外，還有其他問題。「交換」的觀念還需要再澄清。在交換過程中，哪些資產重要？另外，交換的價值應由客觀的第三者決定，還是由關係中的人決定？那麼，外界又如何了解關係人的觀點？即使假設我們可以相信當事人的說詞，但仍有危險。因為我們不知道個人是否察覺外界對自己的影響，我們又怎能確定在穩定關係中的變數與剛認識剛係中的變數一樣？

舉例而言，可能在某人眼中，某個陌生人的外在吸引力與日俱增，而使某人開始喜歡這個陌生人。也有可能個人與愛侶間經由互動而交換彼此價值及信念，以致於彼此有更多一致性。因此，我們需要進一步研究，包括刺激、價值觀、角色變數如何影響伴侶選擇，以及關係重視的程度與伴侶間刺激因子、價值觀、及角色特質的改變之間之關係。

未來十年的婚姻選擇

在急速變化的現在預測未來是很冒險的，如果要預測超過未來十年以上的事是很輕率的。即使只談十年的事，也還是有些輕率。無論如何，我將試著加以預測。

我可以預測結婚率會下降，因爲越來越多的人選擇延長單身生活及同居。如果分手，同居也比結婚容易避開法律上的糾纏，雖然同居人不見得一定可以安然脫身，如Lee Marvin在有名的「Palimony Case」案中，他必須在分手後付給同居女子相當的錢財。

有很多同居人可能到最後會結婚，但其中大部分都會等懷孕之後，不管是刻意懷孕或不小心，有孩子再決定結婚。從生物學觀點，年輕一點生孩子的價值已被不願提早結束安逸生活而抵消。對個人生理時鐘的了解，特別是女人，適產年齡會是讓人們不要太晚婚的因素之一，假設他們要結婚的話，由於母親三十出頭左右，生產對母子還算安全，因此我預測男女平均結婚年齡可以再提高一歲、二歲，甚至三歲。

自願不生小孩的人數未來還會持續增加，因爲雙生涯家庭會變得更普遍。大多數這類家庭並不是反對有子女，然而，由於事業的發展，他們會一再延後生育計畫，最後的結果是，他們終於了解自己並不想有子女，或者他們終於了解時自己已經沒辦法生育。

結婚率下降的現象應該被注意，但不該被視爲未來十年的大災難；因爲即使不結婚的人，多半會與一個伴侶維持一對一的穩定關係。其他生活方式從理論方面看來似乎很刺激，但大部分美國人並不喜歡交換伴侶、多偶婚姻等方式。他們對同居及婚姻平權有興趣，尤其是女性特別重視後者。即使離婚率也只對少數人有影響。離婚人士中，四個人中至少三個會再婚，而且大多是在離婚後幾年內便再建立一個新的婚姻關係。

從現在起十年內，婚姻仍會存在，而未婚的人也多半會維持一對一的關係。

參考文獻

Adams, R. P. (1965). Inequity in social exchange. In L. Berkowitz (Ed.), *Advances in experimental social psychology, 2* (pp. 267-299). New York: Academic Press.

Akert, R. M. (1984). *Terminating romantic relationships: The role of personal responsibility and gender*. Paper presented at the meeting of the American Psychological Association, Toronto.

Albrecht, R. (1972). A study of dates that failed. In R. E. Albrecht & E. W. Brock (Eds.), *Encounter: Love, marriage, and family* (pp. 57-63). Boston: Holbrook Press.

Allen, S. M., & Kalish, R. A. (1984). Professional women and marriage. *Journal of Marriage and the Family, 46*, 375-382.

Altman, I., & Taylor, D. A. (1973). *Social penetration*. New York: Holt, Rinehart & Winston.

Altus, W. D. (1970). Marriage and order of birth. *Proceedings of the Annual Convention of the American Psychological Association, 5*, 361-362.

Aron, A., Ain, R., Anderson, J. A., Burd, H., Filman, G., McCallum, R., O'Reilly, E., Rose, A., Stichman, L., Tamari, Z., Wawro, J., Weinberg, L., & Winesauker, J. (1974). Relationships with opposite-sexed parents and mate choice. *Human Relations, 27*, 17-24.

Astell, M., (1706). *Reflections upon marriage*. London: R. Wilkin.

Aurand, A. M., Jr. (1938). *Little known facts about bundling in the new world*. Lancaster, PA: Aurand Press.

Balswick, J. O., & Anderson, J. A. (1969). Role definition in the unarranged date. *Journal of Marriage and the Family, 31*, 776-778.

Banta, T. J., & Hetherington, M. (1963). Relations between needs of friends and fiances. *Journal of Abnormal and Social Psychology, 66*, 401-404.

Barnett, L. D. (1962). Research in interreligious dating and marriage. *Marriage and Family Living, 24*, 191-194.

Barnett, L. D. (1964). Anti-miscegenation laws. *Family Life Coordinator, 13*, 95-97.

The batchelors' directory. (1696). London: Richard Cumberland.

Baxter, L. A. (1984). Trajectories of relationship disengagement. *Journal of Social and Personal Relationships, 1*, 29-48.

Bell, R. R. (1975). *Marriage and family interaction* (4th ed.). Homewood, IL: Dorsey.

Bellamy, C. J. (1889). *American experiment in marraige*. Albany, NY: Albany Book Co.

Bentler, P. M., & Newcomb, M. D. (1978). Longitudinal study of marital success and failure. *Journal of Consulting and Clinical Psychology, 46*, 1053-1070.

Bernard, J. (1966). Note on educational homogamy in Negro-White and White-Negro marriages. *Journal of Marriage and the Family, 28*, 274-276.

Berscheid, E., Dion, K. K., Walster, E., & Walster, G. W. (1971). Physical attractiveness and dating choice: A test of the matching hypothesis. *Journal of Experimental Social Psychology, 7*, 173-189.

Berscheid, E., & Walster, E. (1974). Physical attractiveness. In L. Berkowitz (Ed.), *Advances in experimental social psychology* (Vol. 7, pp. 158-216). New York: Academic Press.

Berscheid, E., & Walster, E. H. (1978). *Interpersonal attraction* (2nd ed.). Reading, MA: Addison-Wesley.

Beyle, M. H. (Stendhal) (1947). *On love*. New York: Liveright.

Birtchnell, J., & Mayhew, J. (1977). Toman's theory: Tested for mate selection and friendship formation. *Journal of Individual Psychology, 33*, 18-36.

Blau, P. M., Blum, T. C., & Schwartz, J. E. (1982). Heterogeneity and intermarriage. *American Sociology Review, 47(2)*, 45-62.

Blazer, J. A. (1963). Complementary needs and marital happiness. *Marriage and Family Living, 25*, 89-95.

Blood, R. O., Jr. (1955). A retest of Waller's rating complex. *Marriage and Family Living, 17*, 41-47.

Blood, R. O., Jr., & Wolfe, D. M. (1960). *Husbands and wives*. Glencoe, IL: Free Press.

Bolig, R., Stein, P. J., & McKenry, P. C. (1984). The self-advertisement approach to dating: Male-female differences. *Family Relations, 33*, 587-592.

Bossard, J.H.S. (1932). Residential propinquity as a factor in marriage selection. *American Journal of Sociology, 38*, 219-224.

Bossard, J.H.S., & Letts, H. C. (1956). Mixed marriages involving Lutherans—a research report. *Marriage and Family Living, 18*, 308-310.

Boswell, J. (1952). *The Life of Samuel Johnson*. Chicago: Encyclopaedia Brittanica.

Bowerman, C. E. (1953). Assortative mating by previous marital status, Seattle, 1939-46. *American Sociological Review, 18*, 170-177.

Braiker, H. B., & Kelley, H. H. (1979). Conflict in the development of close relationships. In R. L. Burgess & T. L. Huston (Eds.), *Social exchange in developing relationships* (pp. 135-168). New York: Academic Press.

Brenner, M. (1971). Caring, love and selective memory. *Proceedings of the 79th Annual Conference of the American Psychological Association, 6*, 275-276.

Brown, S. (1966). May I ask a few questions about love? *Saturday Evening Post* (December 31, 1966/ January 7, 1967), 24-27.

Brust, R. G. (1975). Liking, love, and similarity of humor preference. Unpublished master's thesis, Connecticut College.

Buckingham, J. S. (1867). *The eastern and western states of America* (2 vols.). London: Fisher, Son & Co.

Bull, R. (1974). The importance of being beautiful. *New Society, 30*, 412-414.

Burchinal, L. G. (1960a). Membership groups and attitudes toward cross-religious dating and marriage. *Marriage and Family Living, 22*, 248-253.

Burgess, E. W., & Wallin, P. (1944). Personal appearance and neuroticism as related to age at marriage. *Human Biology, 16*, 15-22.

Burgess, E. W., & Wallin P. (1953). *Engagement and marriage*. Philadelphia: Lippincott.

Burma, J. H., Cretser, G. A., & Seacrest, T. (1970). A comparison of the occupational status of intramarrying and intermarrying couples: A research note. *Sociology and Social Research, 54*, 508-519.

Buss, D. M. (1984). Marital assortment for personality disposition: Assessment with three different data sources. *Behavior Genetics, 14*, 111-123.

Buss, D. M. (1985). Human mate selection. *American Scientist, 73*, 47-51.

Byrne, D. (1969). Attitudes and attraction. In L. Berkowitz (Ed.), *Advances in experimental social psychology* (Vol. 4, pp. 35-85). New York: Academic Press.

Byrne, D., Erwin, C. R., & Lamberth, J. (1970). Continuity between the experimental study of attraction and real life computer dating. *Journal of Personality and Social Psychology, 16*, 157-165.

Cameron, C., Oskamp, S., & Sparks, W. (1977). Courtship American style: newspaper ads. *Family Coordinator, 26*, 27-30.

Cameron, W. J. (1960). High school dating: A study of variation. *Marriage and Family Living, 22*, 74-76.

Campbell, G. (1886). Sir George Campbell on scientific marriage-matchmaking. *The Spectator, 59*, 1206-1207.

Capellanus, A. (1959). *The art of courtly love*. New York: Frederick Ungar.

Caplowitz, D., & Levy, H. (1965). *Inter-religious dating among college students*. New York: Bureau of Applied Research, Columbia University.

Carter, H., & Glick, P. C. (1976). *Marriage and divorce: a social and economic study* (rev. ed.). Cambridge, MA: Harvard University Press.

Catton, W. R., Jr., & Smircich, R. J. (1964). A comparison of mathematical models for the effect of residential propinquity on mate selection. *American Sociological Review, 29,* 522-529.

Cavan, R. S. (1971a). Attitudes of Jewish college students in the United States toward interreligious marriage. *International Journal of Sociology of the Family, 1,* 1-15.

Cavan, R. S. (1971b). A dating-marriage scale of religious social distance. *Journal for the Scientific Study of Religion, 10,* 93-100.

Centers, R. (1949). Marital selection and occupational strata. *American Journal of Sociology, 54,* 530-535.

Centers, R. (1975). *Sexual attraction and love: An instrumental theory.* Springfield, IL: C. C. Thomas.

Christansen, T., & Barber, K. E. (1967). Interfaith versus intrafaith marriage in Indiana. *Journal of Marriage and the Family, 29,* 461-470.

Cimbalo, R. S., Faling, V., & Mousaw, P. (1976). The course of love: A cross-sectional design. *Psychological Reports, 38,* 1292-1294.

Coan, R. M. (1869). To marry or not to marry. *Galaxy, 7,* 493-500.

Coleman, D. (1973). A geography of marriage. *New Society, 23 (546, March 22),* 634-636.

Collins, J. K., Kennedy, J. R., & Francis, R. D. (1976). Insights into a dating partner's expectations of how behavior should ensue during the courtship process. *Journal of Marriage and the Family, 38,* 373-378.

Commins, W. D. (1932). Marriage age of oldest sons. *Journal of Social Psychology, 3,* 487-490.

Cook, M., & McHenry, R. (1978). *Sexual attraction.* Oxford: Pergamon Press.

Coomb, L. C., Freedman, R., Friedman, J., & Pratt, W. F. (1970). Premarital pregnancy and status before and after marriage. *American Journal of Sociology, 75,* 800-820.

Coombs, R. H., & Kenkel, W. F. (1966). Sex differences in dating aspirations and satisfaction with computer-selected partners. *Marriage and Family Living, 28,* 62-66.

Cozby, P. (1973). Self-disclosure in human relationships. *Psychological Bulletin, 79,* 73-91.

Cretser, G., & Leon, J. (1982). Intermarriages in the U.S.: An overview of theory and research. *Marriage and Family Review, 5,* 3-15.

Critelli, J. W., & Baldwin, A. C. (1979). Birth order: Complementarity vs. homogamy as determinants of attraction in dating relationships. *Perceptual & Motor Skills, 49,* 467-471.

Critelli, J. W., & Waid, L. R. (1980). Physical attractiveness, romantic love and equity restoration in dating relationships. *Journal of Personality Assessment, 44,* 624-629.

Cromwell, R. J. (1956). Factors in the serial recall of names and acquaintances. *Journal of Abnormal and Social Psychology, 53,* 63-67.

Cunningham, J. D., & Antill, J. K. (1980). Love in developing romantic relationships. In S. Duck & R. Gilmour (Eds.), *Personal relationships 2: Developing personal relationships* (pp. 27-51). London: Academic Press.

Cutright, P. (1970). Income and family events: Getting married. *Journal of Marriage and Family, 32,* 628-637.

Das, M. S. (1971). A cross-cultural study of intercaste marriage in India and the United States. *International Journal of Sociology of the Family, 1,* 25-33.

Davis, K. (1941). Intermarriage in caste societies. *American Anthropologist, 43,* 376-395.

Davis, K. E. (1985). Near and dear: Friendship and love compared. *Psychology Today, 19*(2), 22-30.

Davis, M. (1973). *Intimate relationships.* New York: Free Press.

DeMaris, A. (1984). Predicting premarital cohabitation: Employing individuals versus couples as the units of analysis. *Alternative Lifestyles, 6,* 270-283.

DeMaris, A., & Leslie, G. R. (1984). Cohabitation with the future spouse: Its influence upon marital satisfaction and communication. *Journal of Marriage and the Family, 46,* 77-84.

Dentler, R. A., & Hutchinson, J. G. (1961). Socioeconomic versus family membership status as sources of family attitude consensus. *Child Development, 32,* 249-254.

Dermer, M. (1973). When beauty fails. (Doctoral dissertation, University of Minnesota, 1973). *Dissertation Abstracts International, 34,* 4402A.

Dinitz, S., Banks, F., & Pasamanick, B. (1960). Mate selection and social class: Changes during the past quarter century. *Marriage and Family Living, 22,* 348-355.

Dion, K., Berscheid, E., & Walster, E. (1972). What is beautiful is good. *Journal of Personality and Social Psychology, 24,* 285-290.

Dion, K. K., & Dion, K. L. (1975). Self-esteem and romantic love. *Journal of Personality, 43*, 39-57.

Dion, K. L., & Dion, K. K. (1973). Correlates of romantic love. *Journal of Consulting and Clinical Psychology, 4*, 51-56.

Dion, K. L., & Dion, K. K. (1976). Love, liking, and trust in heterosexual relationships. *Personality and Social Psychology Bulletin, 2*, 191-206.

Dominion Bureau of Statistics (1954a). *Vital statistics, 1951*. Ottawa, Canada: Author.

Dominion Bureau of Statistics (1954b). *The Canada yearbook, 1954*. Ottawa, Canada: Author.

Driscoll, R., Davis, K. E., & Lipitz, M. E. (1972). Parental interference and romantic love. *Journal of Personality and Social Psychology, 24*, 1-10.

Duck, S. W. (1984). A perspective on the repair of personal relationships: Repair of what, when? In S. W. Duck (Ed.), *Personal relationships 5: Repairing personal relationships* (pp. 163-184). London: Academic Press.

Duck, S. W., & Miell, D. E. (1983). Towards a comprehension of friendship development and breakdown. In H. Tajfel, C. Fraser, & J. Jaspers (Eds.), *The social dimension: European perspectives on social psychology* (pp. 228-249). London: Academic Press.

Dunner, D. L. (1976). Assortative mating in primary affective disorders. *Biological Psychiatry, 11*, 43-51.

Dutton, D., & Aron, A. (1974). Some evidence for heightened sexual attraction under conditions of high anxiety. *Journal of Personality and Social Psychology, 63*, 251-263.

Elder, G. H. (1969). Appearance and education in marriage mobility. *American Sociological Review, 34*, 519-533.

Ellman, I. (1969). Jewish inter-marriage in the United States of America. *Dispersion and Unity, 9*, 111-142.

Epton, N. (1959). *Love and the French*. Cleveland: World.

Falbo, T., & Peplau, L. A. (1980). Power strategies in intimate relationships. *Journal of Personality and Social Psychology, 38*, 618-628.

Fanon, F. (1967). *Black skin, white masks*. New York: Grove Press.

Farina, A., Fischer, E. H., Sherman, S., Smith, W. T., Groh, T., & Mermin, P. (1977). Physical attractiveness and mental illness. *Journal of Abnormal Psychology, 86*, 510-517.

Farley, F. H., & Mueller, C. B. (1978). Arousal, personality, and assortative mating in marriage: Generalizability and cross-cultural factors. *Journal of Sex and Marital Therapy, 4*, 50-53.

Feingold, A. (1981). Testing equity as an explanation for romantic couples "mismatched" on physical attractiveness. *Psychological Reports, 49*, 247-250.

Folkes, V. S. (1982). Forming relationships and the matching hypothesis. *Personality and Social Psychology Bulletin, 8*, 631-636.

Fowler, L. N. (1855). *Marriage, its history and ceremonies*. New York: Samuel R. Wells.

Fowler, O. S. (1859). *Matrimony*. Boston: O.S. Fowler.

Freud, S. (1949). *An outline of pychoanalysis*. New York: Norton.

Freud, S. (1957). On the universal tendency to debasement in the sphere of love. In *Collected papers* (Vol. 2, pp. 179-190). London: Hogarth Press.

Gallup, G. H. (1972). *The Gallup Poll: A public opinion 1935-1971. Vol. 2: 1949-1958*. New York: Random House.

Gallup report. (June, 1983). No. 213.

Garrison, R. J., Anderson, V. E., & Reed, S. C. (1968). Assortative marriage. *Eugenics Quarterly, 15*, 113-127.

Gearhart, L. P., & Schuster, D. B. (1971). Black is beautiful. *Archives of General Psychiatry, 24*, 479-484.

Gibbins, K. (1969). Communication aspects of women's clothes and their relation to fashionability. *British Journal of Social and Clinical Psychology, 8*, 301-312.

Glenn, N. D. (1982). Interreligious marriage in the United States: Patterns and recent trends. *Journal of Marriage and the Family, 44*, 555-566.

Glenn, N. D., Ross, A. A., & Tully, J. C. (1974). Patterns of intergenerational mobility of females through marriage. *American Sociological Review, 39*, 683-699.

Godwin, J. (1973). *The mating trade*. New York: Doubleday.

Goethe, J. W. Von (1963). *Elective affinities*. Chicago: Henry Regnery.

Gold, J. A., Ryckman, R. M., & Mosely, N. R. (1984). Romantic mood induction and attraction to a dissimilar other: Is love blind? *Personality and Social Psychology Bulletin, 10,* 358-368.

Goode, W. J. (1959). The theoretical importance of love. *American Sociological Review, 24,* 38-47.

Goodman, M. (1964). Expressed self-acceptance and interpersonal needs: A basis for mate selection. *Journal of Counseling Psychology, 11,* 129-135.

Gordon, M. (1981). Was Waller ever right? The rating and dating complex reconsidered. *Journal of Marriage and the Family, 43,* 67-76.

Gordon, M., & Bernstein, M. C. (1969). Mate choice and domestic life in the 19th century marriage manual. Unpublished manuscript, University of Connecticut, Storrs, Connecticut.

Gordon, S. (1976). *Lonely in America.* New York: Simon & Schuster.

Gray, J. G. (1959). *The warriors: Reflections on men in battle.* New York: Harper & Row.

Green, S. K., Buchanan, D. R., & Heuer, S. K. (1984). Winners, losers and choosers: A field investigation of dating initiation. *Personality and Social Psychology Bulletin, 10,* 502-511.

Greller, J. (1968?). Dating by computer? Periodical untraceable, pp. 73-74.

Guze, S. B., Goodwin, D. W., & Crane, J. B. (1970). A psychiatric study of the wives of convicted felons: An example of assortative mating. *American Journal of Psychiatry, 126,* 1773-1776.

Hamid, P. N. (1969). Changes in person perception as a function of dress. *Perceptual and Motor Skills, 29,* 191-194.

Hamilton, G. V., & MacGowan, K. (1929). *What is wrong with marriage.* New York: Albert & Charles Boni.

Hansen, S. L., & Hicks, M. W. (1980). Sex role attitudes and perceived dating-mating choices of youth. *Adolescence, 15,* 57-83.

Harris, D. (1935). Age and occupational factors in the residential propinquity of marriage partners. *Journal of Social Psychology, 6,* 257-261.

Harrison, A. A. (1969). Exposure and popularity. *Journal of Personality, 37,* 359-376.

Harrison, A. A., & Saeed, L. (1977). Let's make a deal: An analysis of revelations and stipulations in lonely hearts advertisements. *Journal of Personality and Social Psychology, 35,* 257-264.

Harrison, A. A., & Zajonc, R. B. (1970). The effects of frequency and duration of exposure on response competition and affective ratings. *The Journal of Psychology, 75,* 163-169.

Hatkoff, T. S., & Lasswell, T. E. (1976). *Male/female similarities and differences in conceptualizing love.* Paper presented at the National Conference on Family Relations Meeting, New York.

Hawkins, J. (1962). *A sociopsychological investigation of heterosexual response.* Unpublished master's thesis, Purdue University.

Hazo, R. G. (1967). *The idea of love.* New York: Praeger.

Heer, D. M. (1966). Negro-white marriage in the United States. *Journal of Marriage and the Family, 28,* 262-273.

Heer, D. M. (1974). The prevalence of black-white marriages in the United States, 1960 and 1970. *Journal of Marriage and the Family, 36,* 246-258.

Heiss, J. S. (1960). Variations in courtship progress among high school students. *Marriage and Family Living, 22,* 165-170.

Heiss, J. S., & Gordon, M. (1964). Need patterns and the mutual satisfaction of dating and engaged couples. *Journal of Marriage and the Family, 26,* 337-339.

Hess, E. H. (1965). Attitudes and pupil size. *Scientific American, 212,* 46-54.

Hill, C. T., Rubin Z., & Peplau, L. A. (1976). Breakups before marriage: The end of 103 affairs. *Journal of Social Issues, 32,* 147-168.

Hobart, C. W. (1958a). Emancipation from parents and courtship in adolescents. *Pacific Sociological Review, 1,* 25-29.

Hobart, C. W. (1958b). The incidence of romanticism during courtship. *Social Forces, 36,* 362-367.

Holahan, C. K. (1984). Marital attitudes over 40 years: A longitudinal and cohort analysis. *Journal of Gerontology, 39,* 49-57.

Hollingshead, A. B. (1950). Cultural factors in the selection of marriage mates. *American Sociological Review, 15,* 619-627.

Holmes, S. J., & Hatch, C. E. (1938). Personal appearance as related to scholastic records and marriage selection in college women. *Human Biology, 10,* 65-76.

Hoyt, M. F., & Centers, R. (1971). Ego disjunction as a factor in intersexual attraction. *Journal of Personality Assessment, 35,* 367-374.

Hoyt, L. L., & Hudson, J. W. (1981). Personal characteristics important in mate preference among college students. *Social Behavior and Personality, 9*, 93-96.

Huston, T. L. (1973). Ambiguity of acceptance, social desirability, and dating choice. *Journal of Experimental Social Psychology, 9*, 32-42.

Huston, T. L., Surra, C. A., Fitzgerald, N. M., & Cate, R. M. (1981). From courtship to marriage: Mate selection as an interpersonal process. In S. Duck & R. Gilmour (Eds.), *Personal relationships. 2: Developing personal relationships* (pp. 53-88). London: Academic Press.

Hutton, S. P. (1974). Self-esteem, values, and self-differentiation in premarital dyads. (Doctoral dissertation, Georgia State University—School of Arts and Sciences, 1974). *Dissertation Abstracts International, 36*, 888B.

Intermarriage threatens American Jewish community. (1979). *U.S.A. Today, 108*, 10-11.

Jacobs, L., Berscheid, E., & Walster, E. (1971). Self-esteem and attraction. *Journal of Personality and Social Psychology, 17*, 84-91.

Jason, L. A., Reichler, A., Easton, J., Neal, A., & Wilson, M. (1984). Female harassment after ending a relationship: A preliminary study. *Alternative Lifestyles, 6*, 259-269.

Jedlicka, D. (1978). Sex inequality, aging, and innovation in preferential mate selection. *The Family Coordinator, 27*, 137-140.

Jedlicka, D. (1980). A test of the psychoanalytic theory of mate selection. *Journal of Social Psychology, 112*, 295-299.

Jedlicka, D. (1984). Indirect parental influence on mate choice: A test of the psychoanalytic theory. *Journal of Marriage and the Family, 46*, 65-70.

Johnson, M. P., & Milardo, R. M. (1984). Network interference in pair relationships: A social psychological recasting of Slater's theory of social regression. *Journal of Marriage and the Family, 46*, 893-899.

Kallman, F. J., & Mickey, J. S. (1946). Genetic concepts and *folie a deux*. *Journal of Heredity, 37*, 298-305.

Kanin, E. J., Davidson, K. R., & Scheck, S. R. (1970). A research on male-female differentials in the experience of heterosexual love. *Journal of Sex Research, 6*, 64-72.

Kant, I. (1952). *Kant*. Chicago: Encyclopaedia Britannica.

Karp, E. S., Jackson, J. H., & Lester, D. (1970). Ideal-self fulfillment in mate selection: A corollary to the complementary need theory of mate selection. *Journal of Marriage and the Family, 32*, 269-272.

Katz, A. M., & Hill, R. (1958). Residential propinquity, and marital selection: A review of theory, method, and fact. *Marriage and Family Living, 20*, 27-34.

Kelley, K., Pilchowicz, E., & Bryne, D. (1981). Response of males to female-initiated dates. *Bulletin of the Psychonomic Society, 17*, 195-196.

Kelly, E. L. (1937). Preliminary report on psychology. Factors in assortative mating. *Psychological Bulletin, 34*, 749.

Kemper, T. D. (1966). Mate selection and marital satisfaction according to sibling type of husband and wife. *Journal of Marriage and the Family, 28*, 346-349.

Kennedy, R.J.R. (1944). Single or triple melting pot? Intermarriage trends in New Haven 1870-1940. *American Journal of Sociology, 39*, 331-339.

Kenkel, W. F. (1966). *The family in perspective* (2nd ed.). New York: Appleton-Century-Crofts.

Kenrick, D. T., & Cialdini, R. B. (1977). Romantic attraction: Misattribution versus reinforcement explanations. *Journal of Personality and Social Psychology, 35*, 381-391.

Kent, D. P. (1951). Subjective factors in mate selection: An exploratory study. *Sociology and Social Research, 35*, 391-398.

Kephart, W. M. (1967). Some correlates of romantic love. *Journal of Marriage and the Family, 29*, 470-474.

Kephart, W. M. (1977). *The family, society, and the individual* (4th ed.). Boston: Houghton Mifflin.

Kerckhoff, A. C. (1964). Patterns of homogamy and the field of eligibles. *Social Forces, 42*, 289-297.

Kerckhoff, A. C. (1972). Status-related value patterns among married couples. *Journal of Marriage and the Family, 34*, 105-110.

Kerckhoff, A. C. (1974). The social context of interpersonal attraction. In T. L. Huston (Ed.), *Foundations of interpersonal attraction* (pp. 61-78). New York: Academic Press.

Kerckhoff, A. C., & Davis, K. E. (1962). Value consensus and need complementarity in mate selection. *American Sociological Review, 27*, 295-303.

Kiesler, S. B., & Baral, R. L. (1970). The search for a romantic partner: The effects of self-esteem and physical attractiveness on romantic behavior. In K. Gergen & D. Marlowe (Eds.), *Personality and social behavior* (pp. 155-165). Reading, MA: Addison-Wesley.

Kipnis, D. (1961). Changes in self-concepts in relation to perceptions of others. *Journal of Personality, 29*, 449-465.

Kirkpatrick, C. (1937). A statistical investigation of psychoanalytic theory of mate selection. *Journal of Abnormal and Social Psychology, 32*, 427-430.

Kirkpatrick, C. (1967). Familial development, selective needs, and predictive theory. *Journal of Marriage and the Family, 29*, 229-236.

Kirkpatrick, C., & Caplow, T. (1945). Courtship in a group of Minnesota students. *American Journal of Sociology, 51*, 114-125.

Klaus, D., Hersen, M., & Bellack, A. S. (1977). Survey of dating habits of male and female college students: A necessary precursor to measurement and modification. *Journal of Clinical Psychology, 33*, 369-375.

Knapp, M. (1972). *Nonverbal communication in human interaction*. New York: Holt, Rinehart & Winston.

Knox, D. H. (1970). Conceptions of love at three developmental levels. *The Family Coordinator, 19*, 151-157.

Knox, D., & Sporakowski, M. (1968). Attitudes of college students toward love. *Journal of Marriage and the Family, 30*, 638-642.

Knox, D., & Wilson, K. (1981). Dating behaviors of university students. *Family Relations, 30*, 255-258.

Knox, D., & Wilson, K. (1983). Dating problems of university students. *College Student Journal, 17*, 225-228.

Knupfer, G., Clark, W., & Room, R. (1966). The mental health of the unmarried. *The American Journal of Psychiatry, 122*, 841-851.

Koller, M. R. (1948). Residential propinquity of white mates at marriage in relation to age and occupation of males, Columbus, Ohio, 1938 and 1946. *American Sociological Review, 13*, 613-616.

Koller, M. (1951). Some changes in courtship behavior in three generations of Ohio women. *American Sociological Review, 16*, 366-370.

Korman, S. K. (1983). Nontraditional dating behavior: Date-initiation and date expense-sharing among feminists and nonfeminists. *Family Relations, 32*, 575-581.

Krain, M. (1977). Effects of love and liking in premarital dyads. *Sociological Focus, 10*, 249-262.

Krain, M., Cannon, D., & Bagford, J. (1977). Rating-dating or simply prestige homogamy? Data on dating in the Greek system on a midwestern campus. *Journal of Marriage and the Family, 39*, 663-674.

Kreitman, N. (1962). Mental disorder in married couples. *Journal of Mental Science, 108*, 438-446.

Kreitman, N. (1968). Married couples admitted to mental hospitals: 1. Diagnostic similarity and the relation of illness to marriage. Family history, age, and duration of marriage. *British Journal of Psychiatry, 114*, 669-718.

Landis, J. T. (1960). Religiousness, family relationships, and family values in Protestant, Catholic and Jewish families. *Marriage and Family Living, 22*, 341-347.

Lasswell, T. E., & Lasswell, M. E. (1976). I love you but I'm not in love with you. *Journal of Marriage and Family Counseling, 2*, 211-224.

Lee, J. A. (1973). *The colours of love*. Toronto: New Press.

Lee, J. A. (1974). The styles of loving. *Psychology Today, 8*, 43-50.

Lee, J. A. (1976). *The colors of love*. Englewood Cliffs, NJ: Prentice-Hall.

Lee, J. A. (1977). A typology of styles of loving. *Personality and Social Psychology Bulletin, 3*, 173-182.

Lee, L. (1984). Sequences in separation: A framework for investigating endings of the personal (romantic) relationship. *Journal of Social and Personal Relationships, 1*, 49-73.

Lefkowitz, M., Blake, R. R., & Mouton, J. S. (1955). Status factors in pedestrian violation of traffic signals. *Journal of Abnormal and Social Psychology, 51*, 704-706.

Leigh, G. K., Holman, T. B., & Burr, W. R. (1984). An empirical test of sequence in Murstein's SVR theory of mate selection. *Family Relations, 33*, 225-231.

Lerner, R. M., & Karabenick, S. A. (1974). Physical attractiveness, body attitudes and self-concept in late adolescence. *Journal of Youth and Adolescence, 3*, 307-316.
Levinger, G., Senn, D. J., & Jorgensen, B. W. (1970). Progress toward permanence in courtship: A test of the Kerckhoff-Davis hypothesis. *Sociometry, 33*, 427-443.
Lewin, B. (1982). Unmarried cohabitation: A marriage form in a changing society. *Journal of Marriage and the Family, 44*, 763-773.
Lewis, C. S. (1960). *The four loves*. New York: Harcourt, Brace, & World.
Lewontin, R., Kirk, D., & Crow, J. F. (1968). Selective mating, assortative mating and inbreeding: Definitions and implications. *Eugenics Quarterly, 15*, 141-143.
Liebowitz, M. (1983). *The chemistry of love*. Boston: Little, Brown.
Locke, H. J., Sabagh, G., & Thomes, M. M. (1957). Interfaith marriages. *Social Problems, 4*, 333-340.
Long, B. H. (1983). A steady boy friend: A step toward resolution of the intimacy crisis for American college women. *Journal of Psychology, 115*, 275-280.
Lujansky, J., & Mikula, G. (1983). Can equity theory explain the quality and the stability of romantic relationships? *British Journal of Social Psychology, 22*, 101-112.
Luther, M. (1955). *Letters of spiritual counsel*. Philadelphia: Westminster Press.
Lynn, M., & Shurgot, B. A. (1984). Response to lonely hearts advertisements: Effects of reported physical attractiveness, physique, and coloration. *Personality and Social Psychology Bulletin, 10*, 349-357.
MacDonald, A. P., Jr. (1967). Birth-order effects in marriage and parenthood: Affiliation and socialization. *Journal of Marriage and the Family, 29*, 656-662.
Machlowitz, M. (1981, May 4). Researchers explore dating woes. *The Day*, New London, CT: p. 40.
Macklin, E. D. (1978). Review of research on nonmarital cohabitation in the United States. In B. I. Murstein (Ed.), *Exploring intimate life styles* (pp. 197-243). New York: Springer.
Macklin, E. D. (1983). Nonmarital heterosexual cohabitation: An overview. In E. D. Macklin & R. H. Rubin (Eds.), *Contemporary families and alternative lifestyles* (pp. 49-74). Beverly Hills, CA: Sage.
Malzberg, B. (1964). Marital status and the incidence of mental disease. *International Journal of Social Psychiatry, 10*, 19-26.
Mangus, A. H. (1936). Relationships between young women's conceptions of their intimate male associates and of their ideal husbands. *Journal of Social Psychology, 7*, 403-420.
Martin, D., & Martin, M. (1984). Selected attitudes toward marriage and family life among college students. *Family Relations, 33*, 293-300.
Martinson, F. M. (1955). Ego deficiency as a factor in marriage. *American Sociological Review, 20*, 161-164.
Martinson, F. M. (1959). Ego deficiency as a factor in marriage: A male sample. *Marriage and Family Living, 21*, 48-52.
Maslow, A. (1954). *Motivation and personality*. New York: Harper.
Mathes, E. W. (1980). Nine colours or types of romantic love. *Psychological Reports, 47*, 371-376.
Mathes, E. W., & Kahn, A. (1975). Physical attractiveness, happiness, neuroticism, and self-esteem. *Journal of Psychology, 90*, 27-30.
Mayer, E. (1961). Jewish-Gentile intermarriage patterns: A hypothesis. *Sociology and Social Research, 45*, 188-195.
McCabe, M. P., & Collins, J. K. (1979). Sex role and dating orientation. *Journal of Youth and Adolescence, 8*, 407-425.
McCabe, M. P., & Collins, J. K. (1983). The sexual and affectional attitudes and experiences of Australian adolescents during dating: The effects of age, church attendance, type of school, and socio-economic class. *Archives of Sexual Behavior, 12*, 525-539.
McCabe, M. P., & Collins, J. K. (1984). Measurement of depth of desired and experienced sexual involvement at different stages of dating. *The Journal of Sex Research, 20*, 377-390.
McCall, A. B. (1911, September). The tower room. *Woman's Home Companion, 38*, 24.
Mendelsohn, M. B., Linden, J., Gruen, G., & Curran, J. (1974). Heterosexual pairing and sibling configuration. *Journal of Individual Psychology, 30*, 202-210.
Merton, R. K. (1941). Intermarriage and the social structure. *Psychiatry, 4*, 361-374.
Michaels, J. W., Edwards, J. N., & Acock, A. (1984). Satisfaction in intimate relationships as a function of inequality, inequity, and outcomes. *Social Psychology Quarterly, 47*, 347-357.

Milardo, R. M., Johnson, M. P., & Huston, T. L. (1983). Developing close relationships: Changing patterns of interaction between pair members and social networks. *Journal of Personality and Social Psychology, 44*, 964-976.

Milardo, R. M., & Murstein, B. I. (1979). The implications of exchange orientations on the dyadic functioning of heterosexual cohabitors. In M. Cook and G. Wilson (Eds.), *Love and attraction* (pp. 279-285). Oxford: Pergamon Press.

Miller, H. L., & Siegel, P. S. (1972). *Loving: A psychological approach*. New York: Wiley.

Morais, R. J., & Tan, A. L. (1980). Male-female differences in conceptions of romantic love relationships. *Psychological Reports, 47*, 1221-1222.

Moreau de Saint-Mery, M.L.E. (1949). The bitter thoughts of president Moreau. In O. Handlin (Ed.), *This was America* (pp. 88-103). Cambridge, MA: Harvard University Press.

Morgan, E. S. (1944). *The puritan family*. Boston: Public Library.

Moss, J. J., & Gingles, R. (1959). The relationship of personality to the incidence of early marriage. *Marriage and Family Living, 21*, 373-377.

Moss, M. K., Miller, R., & Page, R. A. (1975). The effects of racial context on the perception of physical attractiveness. *Sociometry, 38*, 525-535.

Muehlenhard, C. L., & McFall, R. M. (1981). Dating initiation from a woman's perspective. *Behavior Therapy, 12*, 682-691.

Munro, B., & Adams, G. R. (1978). Love American style: A test of role structure theory on changes in attitudes toward love. *Human Relations, 31*, 215-228.

Murstein, B. I. (1961). The complementary needs hypothesis in newlyweds and middle-aged married couples. *Journal of Abnormal and Social Psychology, 63*, 194-197.

Murstein, B. I. (1967a). Empirical tests of role, complementary needs, and homogamy theories of marital choice. *Journal of Marriage and the Family, 29*, 689-696.

Murstein, B. I. (1967b). The relationship of mental health to marital choice and courtship progress. *Journal of Marriage and the Family, 29*, 447-451.

Murstein, B. I. (1970). Stimulus-value role: A theory of marital choice. *Journal of Marriage and the Family, 32*, 465-481.

Murstein, B. I. (1971a). Self ideal-self discrepancy and the choice of marital partner. *Journal of Consulting and Clinical Psychology, 37*, 47-52.

Murstein, B. I. (1971b). A theory of marital choice and its applicability to marriage adjustment and friendship. In B. I. Murstein (Ed.), *Theories of attraction and love* (pp. 100-151). New York: Springer.

Murstein, B. I. (1972a). Interview behavior, projective techniques, and questionnaires in the clinical assessment of marital choice. *Journal of Personality Assessment, 36*, 462-467.

Murstein, B. I. (1972b). Person perception and courtship progress among pre-marital couples. *Journal of Marriage and the Family, 34*, 621-627.

Murstein, B. I. (1972c). Physical attractiveness and marital choice. *Journal of Personality and Social Psychology, 22*, 8-12.

Murstein, B. I. (1972d). A thematic test and the Rorschach in predicting marital choice. *Journal of Personality Assessment, 36*, 213-217.

Murstein, B. I. (1973a). Perceived congruence among premarital couples as a function of neuroticism. *Journal of Abnormal Psychology, 81*, 22-26.

Murstein, B. I. (1973b). A theory of marital choice applied to interracial marriage. In I. R. Stuart & L. E. Abt (Eds.), *Interracial marriage: Expectations and realities* (pp. 18-35). New York: Grossman.

Murstein, B. I. (1974a). Clarification of obfuscation on conjugation: A reply to a criticism of the SVR theory of marital choice. *Journal of Marriage and the Family, 36*, 231-234.

Murstein, B. I. (1974b). *Love, sex, and marriage through the ages*. New York: Springer.

Murstein, B. I. (1974c). Sex-drive, person perception, and marital choice. *Archives of Sexual Behavior, 3*, 331-348.

Murstein, B. I. (1976a). A note on a common error in attraction and marriage research. *Journal of Marriage and the Family, 38*, 451-452.

Murstein, B. I. (1976b). Qualities of denied spouse: A cross-cultural comparison between French and American college students. *Journal of Comparative Family Studies, 7*, 455-469.

Murstein, B. I. (1976c). *Who will marry whom? Theories and research in marital choice*. New York: Springer.

Murstein, B. I. (1980a). Love at first sight: A myth. *Medical Aspects of Human Sexuality, 14*, 34-41.

Murstein, B. I. (1980b). Mate selection in the 1970's. *Journal of Marriage and the Family, 42*, 777-792.

Murstein, B. I. (1984). "Mate selection" in the year 2020. In L. A. Kirkendall & A. E. Gravatt (Eds.), *Marriage and family in the year 2020* (pp. 73-88). Buffalo, NY: Prometheus.

Murstein, B. I. (1985). *A clarification and extension of the SVR theory of dyadic pairing*. Unpublished manuscript, Connecticut College, Psychology Department, New London, Conn.

Murstein, B. I., & Abramson, P. (1985). *Skin color as an exchange for physical attractiveness in courtship*. Unpublished manuscript, Connecticut College.

Murstein, B. I., & Beck, G. D. (1972). Person perception, marriage adjustment, and social desirability. *Journal of Consulting and Clinical Psychology, 39*, 396-403.

Murstein, B. I., & Christy, P. (1976). Physical attractiveness and marriage adjustment in middle-aged couples. *Journal of Personality and Social Psychology, 34*, 537-542.

Murstein, B. I., & Lamb, J. (1980). Correlates of liking in a woman's cooperative college house. *Academic Psychology Bulletin, 2*, 31-39.

Murstein, B. I., & MacDonald, M. G. (1983). The relationship of exchange-orientation and commitment scales to marriage adjustment. *International Journal of Psychology, 18*, 297-311.

Murstein, B. I., MacDonald, M. G., & Cerreto, M. (1977). A theory of the effect of exchange-orientation on marriage and friendship. *Journal of Marriage and the Family, 39*, 543-548.

Murstein, B. I., & Williams, P. (1985). Assortative matching for sex-role and marriage adjustment. *Personality and Individual Differences, 6*, 195-201.

Newcomb, M. D., & Bentler, P. M. (1980). Assessment of personality and demographic aspects of cohabitation and marital success. *Journal of Personality Assessment, 44*, 11-24.

Nielsen, J. (1964). Mental disorders in married couples (assortative mating). *British Journal of Psychiatry, 110*, 683-697.

Osmundsen, J. A. (1965, November 7). Doctor discusses "mixed" marriage. *New York Times*, p. 73.

Parks, M. R., Stan, C. M., & Eggert, L. L. (1983). Romantic involvement and social network involvement. *Social Psychology Quarterly, 46*, 116-130.

Parrott, G. L., & Coleman, G. (1971). Sexual appeal: In black and white. *Proceedings of the 79th Annual Convention of the American Psychological Association*, 321-322.

Parsons, T., & Bales, R. F. (1955). *Family, socialization, and interaction process*. Glencoe, IL: Free Press.

Patten, S. N. (1908). The laws of social attraction. *Popular Science Monthly, 73*, 354-360.

Pavela, T. H. (1964). An exploratory study of negro-white intermarriage in Indiana. *Journal of Marriage and the Family, 26*, 209-211.

Peach, C. (1980). Which triple melting pots? A re-examination of the ethnic intermarriage in New Haven, 1900-1950. *Ethnic and Racial Studies, 3*, 1-16.

Peplau, L. A., & Gordon, S. L. (1985). Women and men in love: Gender differences in close heterosexual relationships. In V. E. O'Leary, R. K. Unger, & B. S. Wallston (Eds.), *Women, gender and social psychology* (pp. 257-291). Hillsdale, NJ: Erlbaum.

Peplau, L. A., Rubin, Z., & Hill, C. T. (1977). Sexual intimacy in dating relationships. *Journal of Social Issues, 33*, 86-109.

Preston, A. (1905). The ideals of the bride to be. *Ladies Home Journal, 22*, 26.

Price, R., & Vandenberg, S. (1979). Matching for physical attractiveness in married couples. *Personality and Social Psychology Bulletin, 5*, 398-400.

Price, R. A., & Vandenberg, S. G. (1980). Spouse similarity in American and Swedish couples. *Behavior Genetics, 10*, 59-69.

Prince, A. J. (1971). Attitudes of Catholic university students in the United States toward Catholic-Protestant intermarriage. *International Journal of Sociology of the Family, 1*, 99-126.

Prince, A. J., & Baggaley, A. C. (1963). Personality variables and the ideal mate. *Family Life Coordinator, 3*, 93-96.

Reik, T. (1974). *Of love and lust*. New York: Jason Aronson.

Reiss, I. L. (1960). Toward a sociology of the heterosexual love relationship. *Marriage and Family Living, 22*, 130-145.

Rich, R. O. (1973, October). *Value balance and engagement to marry*. Paper presented at the National Council on Family Relations, Toronto, Canada.

Richardson, H. M. (1939). Studies of mental resemblance between husbands and wives and between friends. *Psychological Bulletin, 36*, 104-120.

Ridley, C. A., Peterman, D. J., & Avery, A. W. (1978). Cohabitation: Does it make for a better marriage? *The Family Coordinator, 27*, 129-136.

Rimmer, J., & Winokur, G. (1972). Spouses of alcoholics: Assortative mating. *Diseases of the Nervous System, 33*, 509-511.

Risman, B. J., Hill, C. T., Rubin, Z., & Peplau, L. A. (1981). Living together in college: Implications for courtship. *Journal of Marriage and the Family, 43*, 77-83.

Roper, B. S., & Labeff, E. (1977). Sex roles and feminism revisited: An intergenerational attitude comparison. *Journal of Marriage and the Family, 39*, 113-119.

Rosenberg, M., & Simmons, R. G. (1971). *Black and white self-esteem: The urban school child*. Rose Monograph Series. Washington, DC: American Sociological Association.

Rosenthal, E. (1968). Jewish intermarriage in Indiana. *Eugenics Quarterly, 15*, 277-287.

Rosenthal, E. (1970). Divorce and religious intermarriage: The effect of previous marital status upon subsequent marital behavior. *Journal of Marriage and the Family, 32*, 435-440.

Rubin, Z. (1968). Do American women marry up? *American Sociological Review, 33*, 750-760.

Rubin, Z. (1970). Measurement of romantic love. *Journal of Personality and Social Psychology, 16*, 265-273.

Rubin, Z., Hill, C. T., Peplau, L. A., & Dunkel-Schetter, C. (1980). Self-disclosure in dating couples: Sex roles and the ethic of openness. *Journal of Marriage and the Family, 42*, 305-317.

Rubin, Z., & Levinger, G. (1974). Theory and data badly mated: A critique of Murstein's SVR and Lewis's PDF models of mate selection. *Journal of Marriage and the Family, 36*, 226-231.

Rubin, Z., Peplau, L. A., & Hill, C. T. (1980). Loving and leaving—sex differences in romantic attachments. *Sex Roles, 7*, 821-835.

Rusbult, C. E. (1983). A longitudinal test of the investment model: The development (and deterioration) of satisfaction and commitment in heterosexual involvement. *Journal of Personality and Social Psychology, 45*, 101-117.

Ryder, R. G., Kafka, J. S., & Olson, D. H. (1971). Separating and joining influences in courtship and early marriage. *American Journal of Orthopsychiatry, 4*, 450-464.

Sackett, G. P. (1966). Monkeys reared in visual isolation with pictures as visual input: Evidence for an innate releasing mechanism. *Science, 154*, 1468-1472.

Salisbury, W. (1969). Religious identification, mixed marriage, and conversion. *Journal for the Scientific Study of Religion, 8*, 125-129.

Saper, B. (1965). Motivational components in the interpersonal transaction of marital couples. *Psychiatric Quarterly, 39*, 303-314.

Saucier, J.-F. (1970). Psychodynamics of interethnic marriage. *Journal of Canadian Psychiatric Association, 15*, 129-134.

Schachter, S. (1959). *The psychology of affiliation*. Stanford, CA: Stanford University Press.

Schachter, S., & Singer, J. E. (1962). Cognitive, social, and physiological determinants of emotional state. *Psychological Review, 69*, 379-399.

Schellenberg, J. A. (1960). Homogamy in personal values and the "field of eligibles." *Social Forces, 39*, 157-162.

Schiller, B. (1932). A quantitative analysis of marriage selection in a small group. *Journal of Social Psychology, 2*, 297-319.

Sharabany, R., Gershoni, R., & Hoffman, J. E. (1981). Girlfriend, boyfriend: Age and sex differences in intimate friendship. *Developmental Psychology, 17*, 800-808.

Sindberg, R. M., & Roberts, A. F. (1972). Mate selection factors in computer matched marriages. *Journal of Marriage and the Family, 34*, 611-614.

Slater, P. E. (1963). On social regression. *American Sociological Review, 28*, 339-364.

Snyder, C. (1966). Marital selectivity in self-adjustment, social adjustment, and I.Q. *Journal of Marriage and the Family, 28*, 188-189.

Spanier, G. B. (1983). Married and unmarried cohabitation in the United States: 1980. *Journal of Marriage and the Family, 45*, 277-288.

Spanier, G. B., & Glick, P. C. (1980). Mate selection differentials between whites and blacks in the United States. *Social Forces, 58*, 707-725.

Spencer, H. (1926). *An autobiography* (Vol. 1). London: Watts & Co.

Spreitzer, E., & Riley, L. E. (1974). Factors associated with singlehood. *Journal of Marriage and the Family, 36*, 533-542.

Srole, L., Langner, T., Michael, S., Opler, M. K., & Rennie, T.A.C. (1962). *Mental health in the metropolis* (Vol. I). *The Midtown Study*. New York: McGraw-Hill.

Stafford, R., Backman, E., & Dibona, P. (1977). The division of labor among cohabiting and married couples. *Journal of Marriage and the Family, 39*, 43-57.

Stephan, W., Berscheid, E., & Walster, E. (1971). Sexual arousal and heterosexual perception. *Journal of Personality and Social Psychology, 20*, 93-101.

Stephen, T. D. (1984a). A symbolic exchange framework for the development of intimate relationships. *Human Relations, 37*, 393-408.

Stephen, T. D. (1984b). Symbolic interdependence and post-break-up distress: A reformation of the attachment construct. *Journal of Divorce, 8*, 1-16.

Stephen, T. D., & Markman, H. J. (1983). Assessing the development of relationships: A new measure. *Family Process, 22*, 15-25.

Sternberg, R. J. (1985). *A triangle theory of love*. Unpublished manuscript, Yale University, Psychology Department, New Haven.

Sternberg, R. J., & Grajek, S. (1984). The nature of love. *Journal of Personality and Social Psychology, 47*, 312-329.

Stewart, A. J., & Rubin, Z. (1974). The power motive in the dating couple. *Journal of Personality and Social Psychology, 34*, 305-309.

Stouffer, S. A. (1940). Intervening opportunities: A theory relating inability and distance. *American Sociological Review, 5*, 845-867.

Strauss, A. (1946a). The ideal and the chosen mate. *American Journal of Sociology, 52*, 204-208.

Strauss, A. (1946b). The influence of parent-images upon marital choice. *American Sociological Review, 11*, 554-559.

Sundal, A. P., & McCormick, T. C. (1951). Age at marriage and mate selection. Madison, Wisconsin, 1937-1943. *American Sociological Review, 16*, 37-48.

Suomi, S. J., Harlow, H. F., & Lewis, J. K. (1970). Effect of bilateral frontal lobectomy on social preference of rhesus monkeys. *Journal of Comparative and Physiological Psychology, 70*, 448-453.

Swift, J. (1952). *Gulliver's travels*. Chicago: Encyclopaedia Britannica.

Swift, J. (1964). Letters to a very young lady on her marriage. In I. Schneider (Ed.), *The world of love* (Vol. I, pp. 447-454). New York: George Braziller.

Symons, D. (1979). *The evolution of human sexuality*. New York: Oxford University Press.

Szondi, L. (1937). Contributions to fate analysis, an attempt at a theory of choice in love. *Acta Psychologica, 3*, 1-80.

Taylor, P. A., & Glenn, N. D. (1976). The utility of education and attractiveness for females' status attainment through marriage. *American Sociological Review, 41*, 484-498.

Tennov, D. (1973). Sex differences in romantic love and depression among college students. *Proceedings of the 81st Convention of the American Psychological Association, 8*, 421-422.

Tennov, D. (1979). *Love and limerence: The experience of being in love*. New York: Stein & Day.

Theodorson, G. A. (1965). Romanticism and motivation to marry in the United States, Singapore, Burma and India. *Social Forces, 43*, 17-27.

Thomas, J. L. (1951). The factor of religion in the selection of marriage mates. *American Sociological Review, 16*, 487-491.

Thomas, J. L. (1956). *The American catholic family*. Englewood Cliffs, NJ: Prentice-Hall.

Toman, W. (1964). Choices of marriage partners by men coming from monosexual sibling configurations. *British Journal of Medical Psychology, 37*, 43-46.

Toman, W. (1970). Never mind your horoscope: Birth order rules all. *Psychology Today, 4*(7), 45-49, 68-69.

Toman, W. (1976). *Family constellation: Its effects on personality and social behavior* (3rd ed.). New York: Springer.

Touhey, J. D. (1971). Birth order and mate selection. *Psychological Reports, 29*, 618.

Trost, J. (1967). Some data on mate-selection: Homogamy and perceived homogamy. *Journal of Marriage and the Family, 29*, 739-755.

Trost, J. (1981). Cohabitation in the Nordic countries: From deviant phenomenon to social institution. *Alternative Lifestyles, 4*, 401-427.

Turner, E. S. (1954). *A history of courting*. London: Michael Joseph.

Udry, J. R. (1967). Personality match and interpersonal perception as predictors of marriage. *Journal of Marriage and the Family, 29*, 722-724.

Udry, J. R. (1977). The importance of being beautiful: A reexamination and racial comparison. *American Journal of Sociology, 83*, 154-160.

Udry, J. R., Bauman, K. E., & Chase, C. (1971). Skin color, status, and mate selection. *American Journal of Sociology, 76*, 722-733.

Udry, J. R., & Eckland, B. K. (1984). Benefits of being attractive: Differential payoffs for men and women. *Psychological Reports, 54*, 47-56.

U.S. Bureau of the Census (1970). U.S. Census of Population: *1970, Subject Reports, Marital Status, Final Report* (PC(2)-4E). Washington, DC: U.S. Government Printing Office.

U.S. Bureau of the Census. (1983). Marital status and living arrangements, March, 1983. *Current Population Reports* (P-20, No. 389). Washington, DC: U.S. Government Printing Office.

U.S. Bureau of the Census. (1984). Educational attainment in the United States: March 1981 and 1980. *Current Population Reports* (P-20, No. 390). Washington, DC: U.S. Government Printing Office.

U.S. Bureau of the Census. (1985). Marital status and living arrangements, March 1984. *Current Population Reports* (P-20, No. 390). Washington, DC: U.S. Government Printing Office.

Vandenberg, S. G. (1972). Assortative mating, or who marries whom? *Behavior Genetics, 2*, 127-157.

Vreeland, R. S. (1972). Is it true what they say about Harvard boys? *Psychology Today, 5*(8), 65-68.

Waller, W. (1937). The rating and dating complex. *American Sociological Review, 2*, 727-734.

Waller, W. (1938). *The family: A dynamic interpretation*. New York: Cordon.

Walsh, N. A., Meister, L. A., & Kleinke, C. L. (1977). Interpersonal attraction and visual behavior as a function of perceived arousal and evaluation by an opposite sex person. *Journal of Social Psychology, 103*, 65-74.

Walster, E. (1965). The effects of self esteem on romantic liking. *Journal of Experimental Social Psychology, 1*, 184-197.

Walster, E. (1971). Passionate love. In B. I. Murstein (Ed.), *Theories of attraction and love* (pp. 85-99). New York: Springer.

Walster, E., Aronson, V., Abrahams, D., & Rottman, L. (1966). Importance of physical attractiveness in dating behavior. *Journal of Personality and Social Psychology, 5*, 508-516.

Walster, E., & Walster, G. W. (1978). *A new look at love*. Reading, MA: Addison-Wesley.

Walster, E., Walster, G. W., & Berscheid, E. (1978). *Equity: Theory and research*. Boston: Allyn & Bacon.

Walster, E., Walster, G. W., Piliavin, J., & Schmidt, L. (1973). "Playing hard to get": Understanding an elusive phenomenon. *Journal of Personality and Social Psychology, 26*, 113-121.

Ward, C. D., Castro, M. A., & Wilcox, A. H. (1974). Birth order effects in a survey of mate selection and parenthood. *Journal of Social Psychology, 94*, 57-64.

Ward, L. F. (1916). *Pure sociology*. New York: Macmillan.

Watkins, M. P., & Meredith, W. (1981). Spouse similarity in newlyweds with respect to specific cognitive abilities, socioeconomic status, and education. *Behavior Genetics, 11*, 1-21.

Watson, R. E. (1983). Premarital cohabitation vs. traditional courtship: Their effects on subsequent marital adjustment. *Family Relations, 32*, 139-147.

Weinberger, A. D. (1966). Interracial intimacy: Interracial marriage—its statutory import and incidence. *Journal of Sex Research, 2*, 157-168.

Weininger, O. (1906). *Sex and character*. New York: Putnam.

Weiss, H., & Davis, J. (1983). *How to get married*. New York: Ballantine.

Wells, S. R. (1869). *Wedlock; or the right relations of the sexes*. New York: Samuel R. Wells.

Westermarck, E. (1936). *The future of marriage in western civilisation*. New York: Macmillan.

White, G. L. (1980). Physical attractiveness and courtship progress. *Journal of Personality and Social Psychology, 39*, 660-668.

White, G. L., Fishbein, S., & Rutstein, J. (1981). Passionate love and the misattribution of arousal. *Journal of Personality and Social Psychology, 41*, 56-62.

White, G. L., & Knight, T. D. (1984). Misattribution of arousal and attraction: Effects of salience of explanations for arousal. *Journal of Experimental Social Psychology, 20*, 55-64.

Whitehouse, J. (1981). The role of the initial attracting quality in marriage: Virtues and vices. *Journal of Marital and Family Therapy, 7*, 61-67.

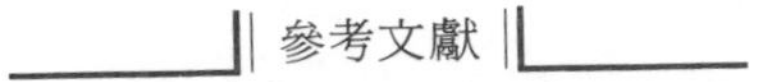

Whitehurst, R. N., & Frisch, G. R. (1974). Sex differences in dating orientation: Some comparisons and recent observations. *International Journal of Sociology of the Family, 4,* 213-219.

Wilson, G., & Nias, D. (1976). *The mystery of love.* New York: Quadrangle.

Winch, R. F. (1943). The relations between courtship behavior and attitudes toward parents among college men. *American Sociological Review, 8,* 167-174.

Winch, R. F. (1946). Interrelations between certain social background and parent-son factors in a study of courtship among college men. *American Sociological Review, 11,* 333-341.

Winch, R. F. (1947). Primary factors in a study of courtship. *American Sociological Review, 12,* 658-666.

Winch, R. F. (1949a). The relation between loss of a parent and progress in courtship. *Journal of Social Psychology, 29,* 51-56.

Winch, R. F. (1949b). Courtship in college women. *The American Journal of Sociology, 55,* 269-278.

Winch, R. F. (1950). Some data bearing on the Oedipus hypothesis. *Journal of Abnormal and Social Psychology, 45,* 481-489.

Winch, R. F. (1951). Further data and observation on the Oedipus hypothesis: The consequences of an inadequate hypothesis. *American Sociological Review, 16,* 784-795.

Winch, R. F. (1955). The theory of complementary needs in mate-selection: A test of one kind of complementariness. *American Sociological Review, 20,* 52-56.

Winch, R. F. (1958). *Mate-selection.* New York: Harper.

Winch, R. F. (1974). Complementary needs and related notions about voluntary mate-selection. In R. F. Winch & C. Spanier (Eds.), *Selected studies in marriage and the family* (pp. 339-410). New York: Holt, Rinehart & Winston.

Wirth, L., & Goldhammer, H. (1944). The hybrid and the problems of miscegenation. In O. Kleinberg (Ed.), *Characteristics of the American Negro* (pp. 249-369). New York: Harper.

Woll, S. (1984). Something in the way s/he smiles: Interpersonal choice in videodating. Unpublished manuscript.

Worthy, M., Gary, A. L., & Kahn, G. M. (1969). Self-disclosure as an exchange process. *Journal of Personality and Social Psychology, 13,* 59-63.

Wright, P. H., & Bergloff, P. J. (1984, July). *The acquaintance description form and the study of relationship differentiation.* Paper presented at the Second International Conference on Personal Relationships, Madison, Wisconsin.

Zajonc, R. B. (1968). Attitudinal effects of mere exposure. *Journal of Personality and Social Psychology, 9,* 2-27.

Zelnik, M., & Kantner, J. F. (1974). The resolution of teenage first pregnancies. *Family Planning Perspective, 6,* 74-80.

Zipf, G. K. (1946). The $P_1 P_2/D$ hypothesis: On the intercity movement of persons. *American Sociological Review, 11,* 677-686.

致　謝

感謝Richard J. Gelles教授及Sage出版公司選擇我來寫這本書。

Molly Helms

國家圖書館出版品預行編目資料

步入婚姻之道 / Bernard I. Murstein 著;張惠芬譯
--初版—台北市;揚智文化,
1998[民87]　面;公分
譯自: Paths to Marriage
ISBN:957-8446-33-0
1.　婚姻
544.3　86008856

步入婚姻之道　家庭叢書 7

著　者/Bernard I. Murstein
主　編/郭靜晃
譯　者/張惠芬
出　版/揚智文化事業股份有限公司
發 行 人/葉忠賢
責任編輯/賴筱彌
執行編輯/龍瑞如
登 記 證/局版北市業字第1117號
地　址/台北市新生南路3段88號5樓之6
電　話/(02)23660309　23660313
傳　真/886-2-23660310
郵政劃撥/14534976
印　刷/偉勵彩色印刷股份有限公司
法律顧問/北辰著作權事務所　蕭雄淋律師
初版一刷/1998年8月
定　價/200元
I S B N/957-8446-33-0
E—mail/ufx0309@ms13.hinet.net